HEYNE

Das Buch

Jeder kennt den Dalai Lama als Leitfigur der Tibeter, als engagierten Kämpfer für religiöse Toleranz, für Gewaltlosigkeit und für ein Leben, das sich an den zeitlosen Werten der Humanität und Spiritualität, statt an den Moden des Zeitgeists orientiert. In diesem Buch zeigt sich der Dalai Lama von einer Seite, die der Weltöffentlichkeit weniger bekannt ist: als spiritueller Lehrer mit profunden Kenntnissen und umfassender Erfahrung in den religiösen Praktiken seines Heimatlandes Tibet. Anhand eines klassischen Lehrtextes aus dem 9. Jahrhundert, ursprünglich in Sanskrit verfasst von dem großen indischen Meditationsmeister Kamalashīla, erläutert der Dalai Lama in allgemeinverständlicher Weise die philosophischen Grundlagen, die praktischen und ethischen Prinzipien der buddhistischen Meditation. Hier wird ein Stück klassisches Schrifttum des Buddhismus erstmals für deutsch sprechende Leser zugänglich gemacht. Ein Buch von hohem praktischem Wert für alle spirituell Suchenden.

Der Autor

Tenzin Gyatso (geb. 1935), der 14. Dalai Lama, wird als Wiedergeburt seines Vorgängers angesehen; die Dalai Lamas fungierten seit dem 17. Jahrhundert als religiöse und politische Oberhäupter Tibets. Mit Integrität und persönlicher Überzeugungskraft gelang es dem gegenwärtigen Dalai Lama, die internationale Öffentlichkeit auf die Sache der Exil-Tibeter aufmerksam zu machen. Er ist heute eine der bekanntesten Persönlichkeiten der Welt.

DALAI LAMA

Die Essenz der MEDITATION

Wurzeltext von Kamalashīla

Praktische Erklärungen zum Herzstück buddhistischer Spiritualität

Aus dem Englischen
von Stephan Schuhmacher

WILHELM HEYNE VERLAG
MÜNCHEN

Die amerikanische Originalausgabe erschien 2001 unter dem Titel »The Stages of Meditation« im Verlag Snow Lion Publications in Ithaka, New York, USA.
Aus dem Tibetischen übertragen ins Englische vom Ehrenwerten Geshe Lobsang Jordhen, Losang Chöphel Ganchenpa und Jeremy Russell

Umwelthinweis:
Dieses Buch wurde auf chlor- und säurefreiem Papier gedruckt.

Taschenbucherstausgabe 04/2005

Printed in Germany 2005
Umschlaggestaltung: HildenDesign, München
Umschlagmotiv: © Bojan Brecelj / CORBIS
Herstellung: Helga Schörnig
Satz: Franzis print & media GmbH, München
Druck und Bindung: GGP Media GmbH, Pößneck

ISBN 3-453-70014-7

www.heyne.de

Inhalt

Vorwort

Wir freuen uns, hier eine Übersetzung des Textes »Die mittleren Stufen der Meditation« von Kamalashīla mit einem Kommentar Seiner Heiligkeit des Dalai Lama vorlegen zu können. Als Seine Heiligkeit diesen Kommentar im Jahre 1989 in Manali vortrug, fühlten wir uns dazu inspiriert, ihn als Buch verfügbar zu machen. Seit dieser Zeit haben wir, wann immer es uns möglich war, daran gearbeitet und sind froh, dass diese Arbeit nun Früchte getragen hat.

Āchārya Kamalashīla war ein großartiger Gelehrter und Heiliger des neunten Jahrhunderts und ein Schüler des bedeutenden Abts Shāntarakshita. Es war den mitfühlenden Aktivitäten solcher bewundernswerten Lehrer wie sie zu verdanken, dass eine vollständige und unverfälschte Form der Lehren Buddhas in Tibet zur Blüte gelangte. Dabei spielte Kamalashīla eine einzigartige Rolle, weil er der erste indische Gelehrte und Heilige war, der in Tibet einen bedeutenden Text verfasste in der Absicht, den Bedürfnissen des tibetischen Volkes zu entsprechen und die dort vorherrschenden Missverständnisse auszuräumen. Als Folge der Wirren der Gegenwart und besonders der Tragödie, die über Tibet hereingebrochen ist, waren ernsthaft Lernende und Praktizierende lange Zeit der Gelegenheit beraubt, solch wichtige Texte wie diesen zu hören, sie zu lesen, über sie nachzudenken oder zu meditieren. Dessen eingedenk, hat Seine Heiligkeit der Dalai Lama trotz der vielen drängenden Probleme, die ständig an ihn herangetragen werden, sein Möglichstes getan, jede Tradition zu bewahren, die das Studium und die praktische Umsetzung dieser wichtigen und seltenen Texte fördert. Darum hat er »Die mittleren Stufen der Meditation« bei mehreren Gelegenheiten gelehrt.

Es ist uns eine Freude, jenen Kommentar verfügbar zu machen, den er in Manali vorgetragen hat, einer kleinen Stadt am Eingang zum Kullu-Tal in Himachal Pradesh, die schon seit langem enge Beziehungen zu Tibetern und der Bevölkerung der indisch-tibetischen Grenzregion pflegt. Es ist unser aufrichtiger Wunsch, mit unseren bescheidenen Bemühungen zur Bewahrung der makellosen Lehre von Āchārya Kamalashīla beizutragen. Die positiven Eindrücke, welche dieser Text bei den Lesern hinterlassen mag, werden, so hoffen wir, dazu beitragen, dass alle fühlenden Wesen die höchste Glückseligkeit der Buddhaschaft erlangen.

Alles, was durch dieses Werk an Verdienstvollem erzeugt wird, widmen wir dem Blühen des Buddha-Dharma, dem Frieden unter allen fühlenden Wesen sowie dem langen Leben Seiner Heiligkeit des Dalai Lama und anderer großer spiritueller Lehrer und Praktizierenden. Wir danken Susan Kyser, unserer Lektorin beim Verlag Snow Lion, für ihre unschätzbaren Anregungen, die die endgültige Fassung verbessert haben, sowie jedem Einzelnen, der direkt oder indirekt zum Gelingen dieses Projektes beigetragen hat.

Dieses Buch wurde von folgendem Team übersetzt und redigiert: Geshe Lobsang Jordhen, einem Absolventen des »Instituts für Buddhistische Dialektik« in Dharamsala, der seit 1989 religiöser Assistent und persönlicher Dolmetscher seiner Heiligkeit des Dalai Lama ist. Ferner Losang Chöphel Ganchenpa, der ebenfalls am »Institut für Buddhistische Dialektik« ausgebildet wurde. Er hat länger als ein Jahrzehnt als buddhistischer Übersetzer gearbeitet, zunächst für die »Library of Tibetan Works and Archives« in Dharamsala, später in Australien. Schließlich Jeremy Russell, Herausgeber der Zeitschrift *Chö-Yang, the Voice of Tibetan Religion and Culture*, die vom Norbulingka Institute, Dharamsala, publiziert wird.

Prolog

Verfasst in der indischen Sprache Bhavanakrama und der tibetischen Sprache Gompai Rimpa.

Gepriesen sei der jugendliche Mañjushrī. Ich werde kurz die Stufen der Meditation für diejenigen erläutern, die dem System des Mahāyāna-Sūtra anhängen. Wer intelligent ist und äußerst schnell Allwissenheit erlangen will, sollte sich mit Bedacht bemühen, dessen Ursachen und Bedingungen zu erfüllen.

Der bedeutende spirituelle Meister Kamalashīla verfasste diesen Text mit dem Titel »Stufen der Meditation« in drei Teilen: »Die Anfangsstufen der Meditation«, »Die mittleren Stufen der Meditation« und »Die letzten Stufen der Meditation«. Hier werde ich »Die mittleren Stufen der Meditation« erläutern. Die wesentlichen Themen dieser Abhandlung sind der Erweckende Geist des Bodhichitta und die vollkommene Sicht. Es sind zwei spirituelle Wege, die zum höchsten Ziel der Buddhaschaft führen: Methode und Weisheit. Diese beiden Eigenschaften erzeugen den physischen Körper oder Rūpakāya und den Weisheitskörper oder Dharmakāya. Der erste Weg repräsentiert die Vervollkommnung des Arbeitens für das Wohlergehen anderer fühlender Wesen und der zweite die Vervollkommnung der eigenen Absichten. Die Methoden zum Erzeugen von Bodhichitta und die Weisheit der Erkenntnis der Leere bilden gemeinsam das Fundament der buddhistischen Lehren, und dieser Text liefert eine klare Darlegung dieser beiden Aspekte des buddhistischen Weges zur Erleuchtung.

Bei näherer Betrachtung dieser Lehren kommen wir zu dem Verständnis, dass mitfühlendes Denken die Wurzel von Bodhichitta oder des Erweckenden Geistes bildet. Dieses Erleuchtungsdenken muss in die Praxis umgesetzt werden, in Verbindung mit der Weisheit, die die endgültige Natur aller Phänomene, die Leere, erkennt. Diese Weisheit sollte eine Vereinigung Spezieller Einsicht mit einem ruhig verweilenden Geist sein, der einspitzig auf seinen Gegenstand, die Leere, ausgerichtet ist.

Die meisten von euch, die mir zuhören, kommen aus den indischen Regionen Lahaul, Kinnaur und Spiti, und die meisten von euch verfügen über eine gewisse Bildung. Jedoch zielt die Lehrweise, die ich hier anwenden werde, vor allem auf diejenigen ab, die nicht an Religion glauben. Im weiteren Verlauf möchte ich aufzeigen, wie man Interesse an Religion im Allgemeinen und am

Buddhismus im Besonderen wecken kann. Es gibt viele Beweisführungen, die uns helfen können, Interesse an Religion zu entwickeln. Dabei können wir erkennen, dass Religion nicht auf bloßem Glauben beruht, sondern dass der Glaube in Verbindung mit Vernunft und Logik entsteht. Ganz allgemein gibt es zwei Arten von Glauben: einerseits einen Glauben, der nicht auf einer besonderen Vernunft beruht, und andererseits einen Glauben, der von Vernunft gestützt wird. Im Falle der zweiten Art des Glaubens prüft der Einzelne den Gegenstand seines oder ihres Glaubens und untersucht dessen Relevanz für seine oder ihre Bedürfnisse und Erfordernisse. Der Glaube wird erzeugt, nachdem man die Gründe eingesehen hat, warum er vorteilhaft ist. Im Buddhismus im Allgemeinen und auf dem Mahāyāna-Pfad im Besonderen untersucht man den Inhalt der Lehren und akzeptiert diejenigen, die logisch und vernünftig sind, während man die unlogischen verwirft. Darum gibt es Gelegenheiten, bei denen Lehren, die Buddhas eigene Worte wiedergeben, nicht buchstäblich genommen werden sollten, sondern der Interpretation bedürfen. Den kanonischen Schriften entstammende Lehren, die der logischen Analyse nicht standhalten, sollten also nicht wörtlich genommen, sondern müssen interpretiert werden. Andererseits sollten jene Lehren der kanonischen Schriften, die der logischen Analyse standhalten, wörtlich genommen werden. Suchen wir jedoch in den Schriften nach anderen Bestätigungen, um zwischen solchen Schriften unterscheiden zu können, die wörtlich zu verstehen sind, und anderen, die interpretiert werden müssen, dann verfallen wir dem Fehler des endlosen Rückschritts. Wir müssen also beide Arten der in den Schriften enthaltenen Lehren mit Logik prüfen. Daher ergibt sich für uns, dass logische Analyse beim Studium buddhistischer Schriften einen sehr wichtigen Platz einnimmt.

Bevor ihr eure Untersuchung beginnt, kommt es entscheidend darauf an, die Methoden für das Testen des Gegenstands eurer Analyse zu studieren. Für Menschen, die die Lehren Buddhas in die Praxis umsetzen wollen, reicht der bloße Glaube nicht aus. Glaube sollte durch Vernunft gestützt sein. Wenn du studierst, dann folge einer logischen Methode. Ich möchte, dass ihr gut aufpasst, während ich euch unterweise. Macht euch Notizen oder bedient euch anderer Mittel, um behalten zu können, was ich lehre.

Lasst mich mit einer Erklärung beginnen, was wir im buddhistischen Kontext unter »Segen« verstehen, wenn wir vom Segen eines Lamas oder dem Segen des Dharma sprechen. Segen ist etwas, das in eurem eigenen Geist entstehen muss. Auch wenn wir vom Segen eines Lamas oder dem Segen der Drei Objekte der Zuflucht sprechen, ist Segen doch nicht etwas, das von außen kommt. Wenn die positiven Eigenschaften eures Geistes zunehmen und die negativen abnehmen, dann ist es das, was Segen bedeutet. Das tibetische Wort für Segen (*byin rlab*, ausgesprochen »tschin-lap«) kann in zwei Teile zerlegt werden: *byin* bedeutet »großartiges Potential«, und *rlab* bedeutet »umwandeln«. Also bedeutet *byin rlab* umwandeln in ein großartiges Potential. Mit Segen ist demnach die Entwicklung sittlicher Eigenschaften gemeint, die man vorher nicht gehabt hat, und die Verbesserung jener guten Eigenschaften, die man bereits entwickelt hat. Es bedeutet auch die Verminderung der Verblendungen des Geistes, die der Erzeugung heilsamer Eigenschaften entgegenstehen. So wird man also gesegnet, wenn die sittlichen Eigenschaften des Geistes gestärkt und seine fehlerhaften Eigenschaften geschwächt oder gemindert werden.

Der Text sagt: »Wer intelligent ist und äußerst schnell Allwissenheit erlangen will, sollte sich mit Bedacht bemühen, dessen Ursachen und Bedingungen zu erfüllen.« Das will besagen, dass dieses Buch sich vor allem mit den Verfahrensweisen und der Praxis der Meditation befasst statt mit einer umfassenden Analyse der Objekte, die in einem mehr philosophischen Werk dargelegt oder verworfen werden. Es ist nicht so, dass es zwei ganz unterschiedliche und nicht miteinander in Beziehung stehende Gruppen buddhistischer Abhandlungen gibt: Abhandlungen, die nur der wissenschaftlichen Analyse dienen, und andere, die nur Handbücher für die Praxis sind. Alle kanonischen Schriften enthalten Lehren, die helfen, den Geist zu zähmen und zu kontrollieren. Dennoch gibt es durchaus verschiedene Ebenen der Betonung dieser Aspekte. Gewisse Übungen und Texte sind vor allem dem Studium und der Kontemplation gewidmet, während andere Texte mit besonderer Betonung meditativer Praktiken gelehrt werden. Dieser Text gehört zur letzteren Kategorie. Deshalb heißt er unter Berücksichtigung seines Inhalts »Die Stufen der Meditation«. Wie schon der Titel vermuten lässt, beschreibt der Text, wie im Bewusstseinsstrom eines Meditierenden ein spiritueller Pfad entwickelt werden kann, und zwar in systematischem Aufbau und nicht auf eher zufällige und unsystematische Weise.

Von den drei Teilen der »Stufen der Meditation« wird hier der mittlere behandelt. Āchārya Kamalashīla lehrte den Text ursprünglich in seiner eigenen indischen Sprache; er beginnt mit seinem Sanskrit-Titel. Damit ist beabsichtigt, dem Leser zu nützen, indem in seinem oder ihrem Geist eine Empfänglichkeit für diese geheiligte Sprache geschaffen wird. Die Erwähnung dieses Titels in der literarischen Sprache Indiens hat auch eine historische Dimension. Seit der Morgendämmerung der Zivilisation im Schneeland Tibet und im Zuge der schrittweisen Entwicklung der tibetischen Nation hat es stets natürliche Beziehungen zu den Nachbarländern gegeben. Rückblickend scheint es, dass die Tibeter viele gute soziokulturelle Elemente von ihren Nachbarn übernommen haben. So war beispielsweise Indien, unser Nachbar im Süden, die Quelle der Religion und kultureller Systeme und Themen, die den Geist bereichern. Auch andere alte Kulturen und Wissenschaften wie Medizin, buddhistische Philosophie, Sanskrit und so weiter wurden aus diesem Land, der Heimat vieler bedeutender Gelehrter, eingeführt. Darum wird Indien in Tibet traditionellerweise als das Heilige Land verehrt. China war wegen seines guten Essens und seiner großen Vielfalt von Gemüsen bekannt. In der tibetischen Sprache verwenden wir heute noch dasselbe Wort für Gemüse wie die Chinesen, und bis heute benutzen wir weiterhin chinesische Wörter für viele Gemüsesorten. Das ist es, was wir aus China importiert haben. Und da die mongolische Bekleidung gut dem kalten Klima angepasst ist, haben Tibeter in diesem Bereich einiges von den Mongolen übernommen. Die Tibeter stehen also seit Jahrhunderten in Kontakt mit ihren Nachbarn; wir haben viele gute Dinge eingeführt und dabei unsere ganz eigenen soziokulturellen Eigenschaften entwickelt. Wenn der Text mit den Worten beginnt »in der indischen Sprache«, dann weist dies auf die Authentizität des Textes hin – dass er seinen Ursprung in den Abhandlungen indischer Meister hat.

Danach heißt es im Text »in der tibetischen Sprache«, und die tibetische Überschrift wird angeführt. Das weist darauf hin, dass der Text in die Sprache eines anderen Landes übersetzt wurde, nämlich die tibetische. Die tibetische Sprache ist differenziert genug, um große wissenschaftliche Abhandlungen, darunter die Sūtras und ihre Kommentare, genau wiedergeben zu können. Jahrhundertelang war die tibetische Sprache ein bedeutendes Medium für die Erörterung der wissenschaftlichen und praktischen Aspekte des Buddhismus. Selbst heute hat es den Anschein, dass das Tibetische fast die einzige Sprache in der Welt ist, die die gesamten in den kanonischen Schriften des Hīnayāna, Mahāyāna und Tantrismus enthaltenen buddhistischen Lehren voll und ganz vermitteln kann. Das Tibetische ist daher eine sehr wichtige Sprache und besonders wertvoll im Hinblick auf die Vermittlung des Buddhismus.

»Gepriesen sei der jugendliche Mañjushrī.« Das ist der von den Übersetzern stammende Vers der Ehrerbietung und Anrufung. Die Übersetzer beginnen ihre Arbeit mit dieser Huldigung, damit sie im Stande sein werden, ihre Arbeit zu vollenden, ohne auf Hindernisse zu stoßen. Damit geben sie auch ihrem Bestreben Ausdruck, ihre vorläufigen und endgültigen Ziele zu erreichen. Mañjushrī wird angerufen aufgrund eines von den religiösen Königen in der Vergangenheit verkündeten Erlasses. Dahinter steckt die Absicht, deutlich zu machen, zu welchen der drei Abteilungen [den Pitakas oder Körben] der buddhistischen Lehren das jeweilige Sūtra oder der Kommentar gehört. Alle Buddhas und Bodhisattvas werden angerufen, wenn ein Text zur Sammlung der Lehrreden [Sūtra-Pitaka] gehört. Wenn ein Text zur Sammlung des Wissens oder der »Besonderen Lehre« [Abhidharma-Pitaka] gehört, wird Mañjushrī angerufen. Um darauf hinzuweisen, dass ein bestimmter Text zur Sammlung der Disziplin [Vinaya-Pitaka] gehört, werden die Allwissenden angerufen. Damit entspricht die Anrufung durch die Übersetzer überlieferten Praktiken. Die Hauptthese dieser Abhandlung betrifft die Festigung von Selbst-Losigkeit[1] unter Rückgriff auf jene einspitzige Sammlung, die eine Vereinigung von Spezieller Einsicht mit einem ruhig verweilenden Geist ist. Und da dies in die Sammlung des Wissens gehört, wird Mañjushrī angerufen.

Mit der Formulierung »für diejenigen, die dem System der Mahāyāna-Sūtras anhängen« weist der Autor kurz auf den Prozess der Meditation für diejenigen hin, die diese Abhandlung studieren. Nunmehr ergibt sich die Frage: »Was ist das höchste Ziel für diejenigen, welche die Mahāyāna-Lehren praktizieren?« Und die Antwort lautet: »Buddhaschaft«. Aber was bedeutet Buddhaschaft? Jemand, der eine transzendente, allwissende Weisheit besitzt, ist ein Buddha; diesen Zustand nennt man Buddhaschaft. Da es das endgültige Ziel der Mahāyāna-Lehren ist, diesen allwissenden Zustand zu erreichen, muss der Ausübende intensiv die Mittel und Methoden studieren, die zu dieser Verwirklichung führen. Durch solches Erforschen muss er oder sie danach streben, den korrekten und vollständigen Pfad zur Verwirklichung des allwissenden Zustandes zu beschreiten. Dies ist eine kurze Zusammenfassung des Themas dieses Buches.

1 »Selbst-Losigkeit« bedeutet in diesem Kontext etwas anderes als das Wort »Selbstlosigkeit« im normalen deutschen Sprachgebrauch. Hier ist damit gemeint, dass alle Dinge leer von einem »Selbst« (ātman) im Sinne einer unabhängigen und dauerhaften Substanz sind. Die genauere Bedeutung von »Selbst-Losigkeit« wird im Verlauf des Textes erläutert. (Anm. d. Übers.)

Einführung

Der Vorvater Nāgārjuna sagt:

Willst du die unübertroffene Erleuchtung erlangen
Für dich und die ganze Welt,
Dann ist die Wurzel dafür
Das Erzeugen altruistischen Denkens,
Das stabil und fest ist wie ein Gebirge,
Ein allumfassendes Mitgefühl
Und eine transzendente Weisheit frei von Dualität.

Wer von uns für andere und für sich selbst zeitweiliges und langfristiges Glück wünscht, der sollte darauf aus sein, den Zustand der Allwissenheit zu erreichen. Mitgefühl, altruistisches Denken und die vollkommene Sicht sind die Grundlagen und das Lebenselixier des Weges zu höchster Erleuchtung. Zu diesem Zeitpunkt glauben wir an die Lehre des Erhabenen Buddha und haben Zugang zu seinen Lehren. Wir sind frei von den gröbsten Hindernissen und haben die unterstützenden

Umstände angetroffen, sodass wir nunmehr die umfassenden und profunden Aspekte der Lehren Buddhas studieren, über ihre Inhalte nachdenken und über ihre Bedeutung meditieren können. Deshalb müssen wir all diese Gelegenheiten nutzen, damit wir in Zukunft keinen Anlass zum Bedauern haben und wir es uns selbst gegenüber nicht an Güte mangeln lassen. Was Kadam Geshe Sangpuwa dazu gesagt hat, trifft ins Schwarze; dieser Vers rührt mein Herz zutiefst an:

Lehren und Zuhören sind angebracht, wenn sie dem Geist nützen.
Kontrolliertes und diszipliniertes Verhalten zeugt davon, dass man Lehren vernommen hat.
Als Zeichen der Praxis von Meditation nehmen Leiden ab.
Ein Yogi ist derjenige, der die Wirklichkeit versteht.

Eines sollte sehr klar sein, dass nämlich Dharma-Lehren nur einen Zweck verfolgen: den Geist zu disziplinieren. Lehrende sollten darauf achten, dass ihre Lehren für den Geist ihrer Studenten förderlich sind. Ihre Unterweisungen müssen auf einem selbst erlangten Verständnis des Dharma beruhen. Auch die Lernenden sollten an den Unterweisungen mit dem Verlangen teilnehmen, ihren Geist zu fördern. Sie müssen eine Kraftanstrengung unternehmen, den undisziplinierten Geist zu kontrollieren. Ich möchte daher darauf dringen, dass wir uns eifrig um die Befolgung der Anweisungen der großen Kadampa Geshes bemühen sollten. Sie geben uns den Rat, eine Integration von Geist und

Dharma herbeizuführen. Werden Wissen und Praxis als unzusammenhängende und unterschiedliche Dinge behandelt, dann kann die Schulung sich als unwirksam erweisen. Im Prozess unserer spirituellen Praxis müssen wir uns selbst gründlich prüfen und den Dharma als einen Spiegel nutzen, in dem sich die Mängel unseres Körpers, unserer Rede und unseres Geistes widerspiegeln. Lehrer wie Student müssen motiviert werden, mittels der Ausübung der Lehren sich selbst und andere zu fördern. So heißt es in den Lamrim-Gebeten:

Motiviert durch machtvolles Mitgefühl,
Möge ich in der Lage sein,
Den Schatz des Buddha-Dharma darzulegen,
Indem ich ihn an neue Orte übermittle
Und an Orte, wo er niedergegangen ist.

Die buddhistische Lehre ist nichts Physisches. Daher hängen die Wiederherstellung und Ausbreitung des Buddhismus von unserem inneren Geist oder dem Kontinuum unseres Geistes ab. Wenn wir im Stande sind, die Mängel des Geistes zu verringern, nehmen seine guten Eigenschaften zu. Die Lehre Buddhas zu bewahren und zu verbreiten heißt also, eine positive Transformation herbeizuführen. Ganz offensichtlich ist die Lehre nicht etwas Greifbares, das man auf dem Marktplatz verkaufen oder kaufen kann oder was physisch hergestellt wird. Wir sollten auf die fundamentalen Dinge achten, etwa die Durchführung der drei Übungen: der Entsagung, des Erweckenden Geistes des Bodhichitta und der Weisheit, die die Leere erkennt.

Die Verantwortung für die Bewahrung und Förderung der buddhistischen Lehre liegt bei denen von uns, die an diese Lehre glauben. Dies wiederum hängt davon ab, wie sehr wir uns zum Buddha hingezogen fühlen und ihn achten. Leisten wir selbst nichts Konstruktives und erwarten, dass andere es tun werden, dann ist offensichtlich nichts möglich. Der erste Schritt besteht darin, dass wir die von Buddha gelehrten positiven Eigenschaften in unserem Geist kultivieren. Erst wenn wir unseren Geist richtig diszipliniert haben, können wir hoffen, zur Disziplinierung des Geistes anderer beitragen zu können. Der große Tsongkhapa sagte sehr deutlich, dass diejenigen, die sich nicht selbst diszipliniert haben, kaum in der Lage sind, andere zu disziplinieren. Āchārya Dharmakīrti hat dieses Prinzip in sehr klaren Worten gelehrt:

Wird die Technik (von dir) nicht durchschaut,
Dann ist jede Erklärung natürlich schwierig.

Bodhisattvas mit einer solchen Absicht zielen letztlich darauf ab, den Zustand der Erleuchtung zu erlangen. Zu diesem Zweck praktizieren sie die Übungen zur Beseitigung der Störenden Gefühle, die den Geist beeinträchtigen. Zugleich bemühen sie sich, spirituelle Einsichten zu kultivieren. Die Befolgung eines solchen Prozesses der Ausschaltung negativer und der Kultivierung positiver Eigenschaften bewirkt, dass Bodhisattvas in die Lage versetzt werden, anderen fühlenden Wesen zu helfen. Im »Kommentar zu (Dignāgas) ›Kompendium Gültiger Erkenntnis‹« heißt es:

Die Mitfühlenden bedienen sich aller Mittel,
Um das Elend der Wesen zu lindern.

Daher sollten diejenigen unter uns, die an die Lehren Buddhas glauben, ihr Bestes tun, um Tugenden zu erzeugen. Das ist von größter Wichtigkeit. Besonders relevant ist es in diesem Zeitalter, in dem die Lehre Buddhas niedergeht. Wir Tibeter machen viel Lärm und kritisieren die Chinesen wegen der Zerstörungen, die sie in unserem Lande verursachen. Wichtig ist jedoch, dass wir als Anhänger des Buddhismus eifrig seine Grundsätze befolgen. Die Lehren haben nur einen Sinn, wenn wir die Vorteile erkennen, sie zu praktizieren, die Disziplin auf uns nehmen und positive Veränderungen in unserem Herzen bewirken. Vorträgen über andere Themen zu lauschen hat einen ganz anderen Zweck – da möchten wir Ideen und Informationen erhalten.

Ihr fragt euch vielleicht, was die Kennzeichen eines wahren Dharma-Praktizierenden sind. Die Praxis sollte mit der ethischen Disziplin beginnen, sich der zehn nichttugendhaften Handlungen zu enthalten. Jeder negative Aspekt von Körper, Rede und Geist sollte richtig identifiziert und das Gegenmittel voll verstanden werden. Mit diesem grundlegenden Wissen sollte der einzelne negative Handlungen wie etwa Stehlen, Lügen und so weiter vermeiden und statt dessen Ehrlichkeit, Güte und andere tugendhafte Taten praktizieren. Ordinierte Mönche und Nonnen müssen die Regeln klösterlicher Disziplin befolgen. Diese haben zum Ziel, die Art zu regeln, wie man die Mönchsroben trägt, mit anderen kommuniziert und so weiter. Selbst die Art, wie man andere Menschen anschauen und sie korrekt ansprechen sollte, wird in den Regeln klösterlicher Disziplin gelehrt.

Für einen Dharma-Praktizierenden besteht die größte Herausforderung darin, den uns Störenden Gefühlen zu begegnen und uns schließlich von ihnen zu befreien. Was das so schwierig macht, ist einfach die Tatsache, dass Störende Gefühle schon seit anfangloser Zeit der Grund dafür sind, dass wir allerlei Arten von Leiden erdulden müssen. Werden wir von jemandem schikaniert oder von einem Feind verfolgt, dann erheben wir ein großes Wehgeschrei. Äußere Feinde, seien sie auch noch so brutal, haben nur während einer Lebensspanne Einfluss auf uns. Sie haben nicht die Macht, uns über dieses Leben hinaus ein Leid zu tun. Störende Gefühle sind jedoch unsere inneren Feinde und können fraglos Unglück in künftigen Leben verursachen. Sie sind, genau genommen, unsere schlimmsten Feinde.

Was einen Dharma-Praktizierenden also wirklich ausmacht, ist unter diesem Gesichtspunkt zu sehen: Werden unsere Störenden Gefühle vermindert, dann sind unsere Übungen wirksam gewesen. Das ist das

Hauptkriterium, das den wahren Praktizierenden auszeichnet, ganz gleich wie fromm wir nach außen erscheinen mögen. Der ganze Zweck der Meditation ist der, die verblendeten Trübungen unseres Geistes zu verringern und sie schließlich an ihrer Wurzel auszumerzen. Durch Erlernen und Praktizieren der profunden und umfassenden Aspekte der Lehre erlangt ein Übender, der sich über einen längeren Zeitraum mit der Selbst-Losigkeit vertraut gemacht und über sie meditiert hat, schließlich ein Verständnis der Wirklichkeit.

Wir sind hier dabei, zu lehren und zuzuhören, und es kommt entscheidend darauf an, die richtigen Wege und wirksamen Methoden des Hörens der Lehre zu kennen. Sie bestehen aus der Eliminierung der drei Mängel eines Zuhörers, der mit einem Gefäß verglichen wird, sowie aus der Pflege der sechs günstigen Absichten. Der erste der drei Mängel ist das Zuhören auf eine Weise, die einem umgedrehten Gefäß gleicht. Das bedeutet, dass man zwar physisch der Unterweisung beiwohnt, geistig jedoch mit etwas anderem beschäftigt ist. Wenn also jemand lehrt, hört man im Grunde überhaupt nicht zu. In einem solchen Fall hat man kein Interesse an der Lehre und hört tatsächlich nichts von dem, was gelehrt wird. Das ist offensichtlich ein großes Hindernis für das Lernen, und wir müssen dieses Problem ausschalten und der Lehre mit gespanntem Interesse folgen.

Der zweite Mangel ist, auf eine Weise zuzuhören, die man mit einem Gefäß mit Löchern vergleichen kann.

Das heißt, man hört zwar zu, behält jedoch nicht den Inhalt des Gesagten. In diesem Falle mangelt es an Achtsamkeit und Erinnerungsfähigkeit. Das Praktizieren des Dharma bedeutet, dass wir im Stande sein sollten, Nutzen aus dem zu ziehen, was wir gehört haben. Es geht hier nicht um einen Zeitvertreib wie beim Anhören einer Geschichte. Die Lehren vermitteln uns Anleitungen, wie wir ein sinnvolles Leben führen und die richtigen Verhaltensweisen entwickeln können. Um also Nutzen aus den Lehren ziehen zu können, müssen wir sie mit Achtsamkeit im Gedächtnis bewahren. Vergessen wir immer wieder, was wir gehört haben, ist dies der Mangel, der mit einem Gefäß mit Löchern verglichen wird. Bei allen Arten des Lernprozesses, also beim Zuhören, Lesen und so weiter, müssen wir sehr aufmerksam sein und sollten uns bemühen, die Inhalte im Gedächtnis zu bewahren. Sind wir halbherzig interessiert, dann erinnern wir uns nur der Hälfte des Gesagten und behalten es nur für kurze Zeit. Über das, was wir gehört haben, sollten wir immer und immer wieder nachdenken. Auf diese Weise wird das Wissen lange Zeit in unserem Gedächtnis bleiben. Eine andere Technik, die Anweisungen im Gedächtnis zu bewahren, wäre die Debatte, wie sie in den traditionellen Debattierschulen praktiziert wird.

Der dritte Mangel eines Zuhörers betrifft seine Motivation und wird mit einem Gefäß verglichen, das Gift enthält. Lauschen wir den Lehren, dann müssen wir verblendete Motive meiden. Alle Aktivitäten, vor allem jedoch Dharma-Übungen wie Hören und Lesen kanonischer Schriften, müssen mit heilsamer Motivation unternommen werden. Man sollte darauf aus sein, den undisziplinierten Geist zu kontrollieren und dann nach und nach den Zustand der Buddhaschaft zu erreichen, um allen fühlenden Wesen zu helfen. Ich bitte euch auch, das Dharma-Wissen nicht wie irgendeine sonstige Wissenschaft zu behandeln, nur um euren Lebensunterhalt damit zu verdienen.

Wenden wir uns nunmehr dem Hauptthema zu, dem Text von Kamalashīla mit dem Titel »Stufen der Meditation«. Der Autor verhielt sich unerhört gütig gegenüber Tibet. Der große Tsongkhapa bezeichnete ihn als einen ehrwürdigen Gelehrten, und der Titel ist passend. Von mehreren Abhandlungen, die er geschrieben hat, sind »Die Erhellung des Mittleren Weges« und dieser Text die am meisten geachteten.

Die Linie der Übertragung der drei Texte über die »Stufen der Meditation« ist ziemlich selten; in den zentralen und südwestlichen Regionen Tibets war ihre Übertragung nicht sehr bekannt. Vielleicht war sie in isolierten und abgelegenen Gegenden verfügbar. Khunu Lama Tenzin Gyaltsen empfing die Übertragung in Kham, und Serkong Rinpoche erhielt sie von ihm. Damals war es mir nicht möglich, der Übertragung beizuwohnen, obwohl ich es gern getan hätte. Ich glaubte, es würde nicht sehr schwierig sein, sie später zu erhalten, weil der Text nicht sehr lang ist. Statt dessen bemühte ich mich, Lehren über einige der größeren Abhandlungen zu erhalten, wie etwa den »Großen Kommentar zum Kālachakra« von Buton Rinchen Drup, das »Zusammenfassende Tantra zum Kālachakra« sowie die sechs Bände der »Anmerkungen zum Großen Kommentar genannt das Makellose Licht«.

Ich hielt mich gerade in der Schweiz auf, als ich ein Telegramm mit der Nachricht vom Tod Serkong Rinpoches erhielt; außerdem erfuhr ich, Yongzin Ling Rinpoche sei bei schlechter Gesundheit. Da wurde mir bewusst, dass ich nun den Preis für meine Dumpfheit würde zahlen müssen, die mich veranlasst hatte, nicht die Unterweisung über die Texte der »Stufen der Meditation« zu suchen. Trauer und ein Gefühl des Verlusts erfüllten meinen Geist. Wann immer ich später Lamas und Geshes begegnete, pflegte ich danach zu fragen, wer ein Träger dieser Übertragungslinie sei. Als ich einmal in Bodh-Gayā weilte, begegnete ich dem Sakya-Abt Sangye Tenzin. Er erzählte mir, er habe Unterweisungen über die »Stufen der Meditation« von einem alten Lama aus Kham erhalten, der auf Pilgerreise in Lhasa war. Da Khunnu Lama Rinpoche die Lehre ebenfalls aus Kham empfangen hatte, nahm ich später an, diese Übertragungslinie sei dieselbe. Ich glaubte auch, dass es gut wäre, diese Unterweisung zu empfangen.

Wenn ich mich früher mit neuen Texten befasste, pflegte ich Yongzin Ling Rinpoche zu befragen. Inzwischen war er jedoch verschieden. Zu jener Zeit hielt sich aber auch der Verehrungswürdige Gen Nyima in Bodh-Gayā auf. Also legte ich ihm die Situation dar und bat ihn um seine Meinung. Er hielt es für eine gute Idee, diese Lehre zu empfangen. Auf diese Weise erhielt ich die Lehrübertragung von dem Sakya-Abt Sangye Tenzin. Ich war sehr froh und beglückt darüber, was mich automatisch von dem früheren Gefühl des Bedauerns befreite. Dieser Sakya Abt ist ziemlich bekannt und war in Sakya selbst ein geachteter Meister; heute ist er in seinen Achtzigerjahren. Soweit ich weiß, gibt es keine schriftlichen Kommentare zu diesem Text, zumindest habe ich nie einen gesehen. Der große Tsongkhapa zitiert in seinem Werk »Die Großen Stufen des Pfades« ausführlich aus dem Text, weshalb ich es für angebracht halte, meinen Kommentar mit Auszügen aus Tsongkhapas Text zu ergänzen.

Kamalashīla hat der buddhistischen Lehre einen wunderbaren Dienst erwiesen. Mit unerschütterlicher und gütiger Motivation legte er während seines Aufenthalts in Tibet dort die Grundlage für die buddhistische Lehre. Der religiös gesinnte tibetische König Trisong Detsen lud Āchārya Shāntarakshita und Guru Rinpoche Padmasambhava ein. Diese drei großen Gestalten bewiesen beträchtlichen Großmut gegenüber dem Schneeland Tibet. Ihre Mitarbeit machte es möglich, eine vollständige Form des Buddhismus einschließlich der Tantras in angemessener Weise in Tibet zu etablieren. Āchārya Shāntarakshita war bewusst, dass man diese Philosophie missverstehen und falsch interpretieren konnte, weshalb er Anweisungen hinterließ, Kamalashīla einzuladen, wenn es dazu kommen sollte. Die Geschichtsschreibung besagt, dass Kamalashīla genau aus diesen Gründen nach Tibet eingeladen wurde und dass er deshalb die »Stufen der Meditation« verfasste. Am Ende des ersten Teiles sagt der Autor ausdrücklich, er habe den Text auf Bitten von König Trisong Detsen erstellt.

Zum Wohle des tibetischen Volkes und um die buddhistische Lehre in ihm zu verankern, besaß der große Kamalashīla die Güte, nach Tibet zu kommen. Die drei Teile der »Stufen der Meditation« wurden in Tibet geschrieben, und der Chinese Huashang wurde zum Auslöser für die Erstellung des Werks. Der Inhalt seiner allgemeinen Philosophie steht auf einem anderen Blatt, doch war die Interpretation der buddhistischen Sicht durch den Chinesen Huashang eindeutig falsch. Āchārya Kamalashīla schrieb diesen Text, um der Verbreitung dieser fälschlichen Anschauungen zuvorzukommen. Was wir hier anmerken können, ist, dass die Großen Wesen in jener Zeit viel gelehrte und moralische Stärke zur Schau stellten. Sie bedienten sich einer sehr verfeinerten Sprache bei der Zurückweisung falscher Anschauungen und attackierten ihre Gegner nicht persönlich. In der Tat formulierten sie vielmehr eine einsichtige und klare Darlegung der fundamentalen philosophischen Anschauungen, der Meditation und der Verhaltensweisen, wie sie Buddha gelehrt hatte. Auf diese Weise überstrahlte die buddhistische Lehre die minderwertigen und fälschlichen Anschauungen, die dann von selbst an Bedeutung verloren. Deshalb hat dieser kostbare Text eine besondere karmische Verbindung mit Tibet, dem Land des Schnees.

Es ist offensichtlich, dass der Autor Kamalashīla den Tibetern gegenüber unermesslich gütig war. Doch wie die Geschichte zeigt, machten die Tibeter etliche Fehler, anstatt sich entsprechend dankbar zu erweisen. Es kam zu einigen unangemessenen Zwischenfällen. Betrachtet man die Sache aus einem anderen Blickwinkel, dann war das so, wie es die tibetische Redensart formuliert: »Wo der Dharma blüht, da ist auch der Teufel aktiv.« Damit in Tibet gut fundierte weltliche und spirituelle Institutionen fortbestehen konnten, schuf Guru Rinpoche günstige Bedingungen und segnete das Umfeld. Doch selbst während einer solchen Zeit gab es Leute, die Dinge sagten, welche nicht hilfreich waren. Es scheint so, dass manchmal nicht einmal der König allen Wünschen Guru Rinpoches entsprach.

Es ist traurig, solche Dinge konstatieren zu müssen. Natürlich kann man die Dinge auch auf andere Weise ansehen. Buddhas und Bodhisattvas haben nichts anderes zu tun, als zum Wohle aller fühlenden Wesen tätig zu sein. Der Erhabene Avalokiteshvara hat eine besondere Verbindung mit Tibet, und mit Hilfe zahlreicher Manifestationen hat er große gütige Taten vollbracht. Wir Tibeter sind jedoch bis zum heutigen Tage mit endlosen Problemen konfrontiert. Dennoch dürfen wir den Mut nicht sinken lassen. Die internationale Situation ist fließend und ändert sich ständig. Es gibt Unterstützung für die Wahrheit, und die Wahrheit ist kostbar. Bis jetzt waren wir in der Lage, entsprechende Fundamente für unsere Zukunft zu errichten. Wir sollten alle fleißig daran arbeiten, unseren individuellen Interessen in diesem und in künftigen Leben zu dienen und dabei zugleich der Sache der Allgemeinheit gleiche Aufmerksamkeit zu schenken. Wir sind alle in der glücklichen Lage, diesen wunderbaren Text studieren zu können. Unsererseits wäre es klug, seine leitenden Grundsätze zu lernen und zu versuchen, unser Leben entsprechend zu verändern.

Im Kontext buddhistischer Lehren ist die Erzeugung einer positiven Haltung sehr wichtig. Ich bitte euch dringend, mit heilsamer Motivation zuzuhören und dabei zu denken: »Ich werde den ›Mittleren Stufen der Meditation‹ des großen Kamalashīla lauschen, um höchste Buddhaschaft zum Wohle fühlender Wesen zu erlangen, die so unermesslich sind wie die Weite des Weltraums. Die Qualität jeder Handlung von Körper, Rede und Geist wird vor allem von der Motivation bestimmt. Jede mit positiver Motivation begangene Handlung erzeugt also Verdienst und Seligkeit und wird zu einer Ursache, auf lange Sicht Buddhaschaft zu erreichen. Fehlt es andererseits an einer guten oder gesunden Motivation, dann könnten selbst augenscheinlich spirituelle Praktiken negative Konsequenzen statt Verdienst zur Folge haben. Da die Trennlinie zwischen ihnen manchmal sehr schmal sein kann, muss der Einzelne diesem Aspekt besondere Aufmerksamkeit schenken.

In diesem Text legt der Autor das Wesentliche des Pfades sowohl des Hīnayāna- wie des Mahāyāna-Fahrzeugs dar. Er erläutert die Art, wie man das Konventionelle Bodhichitta und die Sechs Vollkommenheiten praktiziert, und zwar mit besonderer Hervorhebung der Meditation des Ruhigen Verweilens und Spezieller Einsicht. Diejenigen von euch, denen der Buddhismus neu ist und die nicht mit den verschiedenen Arten und Verfahren des Praktizierens seiner Lehren vertraut sind, sollten versuchen, ein kohärentes Verständnis dieses Textes zu gewinnen. Auf der Grundlage dieses Wissens werdet ihr nämlich im Stande sein, andere Abhandlungen ohne große Schwierigkeit zu verstehen. Diesen Text kann man mit einem Schlüssel vergleichen, der die Tür zu allen anderen bedeutenden kanonischen Schriften des Buddhismus öffnet.

1. KAPITEL

Was ist der Geist?

Es ist nicht möglich, dass Allwissenheit ohne Ursachen erzeugt wird; denn wenn das möglich wäre, dann könnte alles stets allwissend sein. Könnten Dinge geschaffen werden, ohne sich auf etwas anderes zu stützen, dann könnten sie ohne Einschränkung existieren – es gäbe dann keinen Grund, warum nicht alles allwissend sein könnte. Da also alle funktionellen Dinge nur gelegentlich entstehen, sind sie völlig von ihren Ursachen abhängig. Allwissenheit ist dazu sehr selten, weil sie nicht zu jeder Zeit und an allen Orten auftritt, und alles kann nicht allwissend werden. Daher hängt sie zweifellos von Ursachen und Bedingungen ab.

Nach diesem Text gibt es zwei Arten existierender Phänomene: solche, die ständig existieren, und andere, die zu gewissen Zeiten, jedoch nicht zu anderen existieren. Was ist die Implikation dieser zweiten Art – zu gewissen Zeiten existieren, zu anderen aber nicht? Solche Fragen ergeben sich natürlich. Die Implikation ist, dass zeitweilig existierende Dinge von Ursachen abhängig sind. Die Tatsache, dass gewisse Dinge zu gewissen Zeiten entstehen, beweist die Existenz von Ursachen. Wenn man sagt, dass gewisse Dinge zu bestimmten Zeiten entstehen, jedoch nicht zu anderen, weist das darauf hin, dass sie nicht unabhängig hervorgebracht werden, sondern von anderen Bedingungen abhängen. Daher hängen alle jene Phänomene, die zu bestimmten Zeiten, jedoch nicht zu anderen entstehen, von Ursachen und Bedingungen ab, und davon gibt es verschiedene Arten. Ursachen sind verschiedener Art, etwa substantielle Ursachen, direkte Ursachen, indirekte Ursachen, Ursachen gleichen Zustandes, begleitende Ursachen und so weiter. Gleichermaßen gibt es verschiedene Arten von Bedingungen, etwa objektive Bedingungen, kausale Bedingungen, unmittelbare Bedingungen und so weiter. Also ändern sich diejenigen Phänomene, die von Ursachen und Bedingungen abhängen, von Natur aus. Sie verweilen nicht an einem Ort und sind nicht beständig.

Bedingte Phänomene lassen sich wiederum in drei Kategorien einstufen: Form, Bewusstsein, und keines von beiden. Form besteht aus solchen Aspekten wie Gestalt, Farbe und so weiter, die man mit den Augen sehen und mit den Händen berühren kann. Bewusstsein besitzt weder Gestalt noch Farbe und kann in keinerlei physischen Begriffen gemessen werden; doch existiert es in seiner Natur und Fähigkeit, zu fühlen und zu spüren. Die Zeit, andererseits, besitzt weder Form noch Bewusstsein und gehört zur dritten Kategorie.

Allwissende transzendente Weisheit meint das Bewusstsein, das alles weiß. Allwissenheit ist nicht eine

Eigenschaft, die man im Boden, in Steinen, Felsen oder Bergen antrifft. Sie wird von etwas erzeugt, dessen Funktion das Gewahrwerden von Objekten ist; deshalb kann sie nicht von irgendetwas erzeugt werden, dem die Eigenschaft des Gewahrseins fehlt. Natürlich ist der Zustand der Allwissenheit das höchste Ziel, das jegliche Vollkommenheit einschließt, und unter den drei Kategorien bedingter Phänomene gehört er zur Kategorie Bewusstsein. Wissen oder Verstehen ist die Funktion von Bewusstsein. Sagen wir beispielsweise »Ich verstehe« oder »Ich sehe«, und haben wir dabei eine Erfahrung oder ein Gefühl von etwas, dann wird die Erfahrung von Bewusstsein aktiviert. Sieht das Augenbewusstsein eine physische Form, dann sagen wir: »Ich sehe die physische Form.« Und wenn das Geist-Bewusstsein Glück oder Leid erfährt, dann sagen wir: »Ich bin glücklich« oder »Ich bin traurig«. Wenn wir also sagen »Ich erfahre«, »Ich sehe« oder »Ich höre« und so weiter, dann ist es das Bewusstsein, das als Agens tätig ist. Das, was die Funktion des Wissens besitzt, ist Bewusstsein.

Arten von Bewusstsein ändern sich je nach dem Umfang des Wissens und ihrer Intensität oder Schärfe. Ein offensichtliches Beispiel ist das Bewusstsein eines Menschen verglichen mit dem eines Tieres. Die Wahrnehmung des menschlichen Wesens ist viel umfassender, und es begreift eine wesentlich größere Vielfalt von Objekten. Das Bewusstsein der Menschen variiert je nach Bildung und Erfahrung. Je gebildeter jemand ist und je mehr Erfahrung er besitzt, desto umfassender ist sein Bewusstsein. Wissen und Verstehen entwickeln sich auf der Basis eines Bewusstseins, das die Fähigkeit besitzt, seine Objekte wahrzunehmen. Sind die notwendigen Bedingungen erfüllt, dann nimmt seine Fähigkeit der Wahrnehmung zu und das Verständnis vertieft sich. Der Bereich seiner Objekte des Wissens weitet sich aus, und das Verständnis vertieft sich. Auf diese Weise kann der Geist sein volles Potential entwickeln.

Allwissenheit ist die volle Ausgestaltung oder Vollendung der Fähigkeit des Geistes, Objekte wahrzunehmen. Sie ist in dem Sinne allwissend, als sie alles und jedes wissen kann, ohne von Unterschieden von Zeit und Raum behindert zu werden. Allwissende Weisheit entsteht aus Bewusstsein und wird *per definitionem* von Ursachen und Bedingungen hervorgebracht. Das impliziert, dass selbst allwissende Weisheit nicht ohne ihre Ursachen entstehen kann. Wäre das nicht der Fall und könnte ein allwissender Geist ohne Ursachen entstehen, dann würde dies implizieren, dass jedes Bewusstsein allwissend ist. Würden nämlich Dinge ohne Ursachen und Bedingungen geschaffen, dann müssten sie entweder zu allen Zeiten existieren, oder sie müssten vollkommen nichtexistent sein. »Würden Dinge ohne jeden Zusammenhang mit anderen Dingen geschaffen, dann würde es ihnen nicht widerfahren, an irgendeinem Ort verhindert zu werden.« Das soll Folgendes besagen: Würden Dinge hervorgebracht, ohne von anderen Ursachen oder Bedingungen abzuhängen, dann gäbe es keinen logischen Grund, warum sie an irgendeinem Punkt verhindert werden sollten. Da dies nicht der Fall ist, ist es nur logisch, dass nicht alles in Allwissenheit umgewandelt werden kann. Aus diesen Gründen können funktionelle Phänomene zu gewissen Zeiten erzeugt werden und zu anderen Zeiten nicht. Zu einem gewissen Zeitpunkt, wenn günstige Bedingungen zusammenkommen und ungünstige abwesend sind, kann ein Bewusstsein in Allwissenheit transformiert werden, die über das Wissen um alle Phänomene verfügt.

Da Dinge nicht zu jeder Zeit und an jedem Ort erzeugt werden, impliziert dies, dass sie von Ursachen und Bedingungen abhängen. Diejenigen, die innerhalb des Rahmens der Abhängigkeit von Ursachen und Bedingungen nach der endgültigen Frucht der Allwissenheit streben, sollten die Ursachen und Bedingungen erzeugen – die vollständigen und richtigen Ursachen und Bedingungen. Außerdem müssen diese Aspiranten in diesen Bestrebungen hoch motiviert sein. Daher wird gelehrt, dass Allwissenheit von Ursachen und Bedingungen abhängt.

In Asangas »Kompendium des Wissens« wird bezüglich der von Ursachen und Bedingungen erzeugten Wirkungen erklärt, dass zu den Bedingungen die unerschütterliche Bedingung, die vergängliche Bedingung und die potentielle Bedingung gehören. Was vorhin gesagt wurde, betrifft die vergängliche Bedingung. Wenn wir die Frage stellen, wie Allwissenheit aus Bewusstsein geschaffen werden kann, dann sprechen wir von ihrer potentiellen Bedingung. Die Fähigkeit, Objekte wahrnehmen zu können, ist eine innewohnende Eigenschaft des Bewusstseins. Die eigentliche Natur von Bewusstsein ist, dass es klar und gewahr ist. Es entsteht angesichts des Objektes, das es wahrnimmt. Dieses Attribut des Gewahrseins ist nicht etwas, das von anderen Faktoren neu geschaffen wird.

Nun ergibt sich die Frage, wie dieses Gewahrsein wachsen und sich grenzenlos ausweiten kann. Die Fähigkeit, seiner Objekte gewahr zu sein, ist dem Bewusstsein innewohnend, doch gibt es Dinge, die den Geist daran hindern, sich dem Zustand vollständigen Wissens zu öffnen. Die nächste Frage ist, wie es zu solchen Hindernissen kommt. Wir müssen überlegen, wie solche Hindernisse beseitigt werden können. Was das Bewusstsein daran hindert, seines Objekts gewahr zu sein, ist die Unwissenheit, die in der fälschlichen Auffassung einer wahren Existenz besteht. Man bezeichnet dies auch als die Unwissenheit des Festhaltens an einem Extrem, dem Extrem der Konkretisierung.

Sprechen wir von Unwissenheit, dann meinen wir damit, dass es dem Bewusstsein entweder an irgendeiner günstigen Bedingung mangelt oder dass irgendeine ungünstige Bedingung es daran hindert, sein Objekt wahrzunehmen. Unter den vielen Arten von Unwissenheit ist diejenige der fälschlichen Auffassung einer wahren Existenz die grundlegende, gewissermaßen der Machthaber. Und diese Unwissenheit ist das Haupthindernis. Wir müssen durch Analyse zu der Schlussfolgerung gelangen, dass diese Unwissenheit etwas ist, das beseitigt und eliminiert werden kann. Die Mängel des Geistes entstehen vor allem aus Unwissenheit und ihrem latenten Potential. Wir müssen erforschen und feststellen, ob die Unwissenheit vom Geist losgelöst und beendet werden kann. In diesem Kontext ist Unwissenheit nicht bloße Dummheit. Unwissenheit ist vielmehr die fälschliche Auffassung einer wahren Existenz. Sie ist ein Geist, der sein Objekt auf verkehrte oder falsche Weise versteht. Daher können wir sie durch Kultivieren eines fehlerfreien Verstehens als Gegengift beseitigen.

Beides, Unwissenheit als fälschliche Auffassung wahrer Existenz sowie das Gegenmittel, hängt von Ursachen und Bedingungen ab. Sie gleichen sich darin, dass sie im Kontakt mit günstigen Bedingungen wachsen und dass sie zu bestehen aufhören, wenn sie mit ungünstigen Faktoren konfrontiert werden. Wir könnten fragen, worin der Unterschied zwischen beiden besteht? Da die Unwissenheit, die eine fälschliche Auffassung von wahrer Existenz ist, ein Geist ist, der im Hinblick auf sein Objekt irrt, kann sie sich nicht unbegrenzt entwickeln. Das kommt auch daher, dass sie keine gültige Stütze hat. Dieser Geist ist in dem Sinne falsch oder verkehrt, dass er sein Objekt auf eine Weise auffasst, die im Widerspruch zu der Weise steht, in der das Objekt tatsächlich existiert. Der Geist, der die Selbst-Losigkeit begreift, ist ein Gegenmittel oder Gegner dieses verkehrten Geistes und irrt sich nicht hinsichtlich seines Objekts. Das heißt, er ist fehlerfrei im

Hinblick auf sein Objekt, was bedeutet, dass die Art, wie er sein Objekt auffasst, dem entspricht, wie das Objekt tatsächlich existiert. Weil er keine falsche Wahrnehmung ist, hat er eine gültige Grundlage als Stütze.

Es wurde schon gesagt, dass die Unwissenheit, die die fälschliche Auffassung einer wahren Existenz ist, beendet werden kann, weil nämlich der unwissende Geist nicht dadurch gestützt wird, dass er gültige Erkenntnis darstellt. Im Gegensatz dazu wird der Geist, der die selbstlose Natur eines Objekts wahrnimmt, dadurch gestützt, dass er eine gültige Erkenntnis darstellt. Die Weisen, auf die diese beiden Arten von Geist Objekte wahrnehmen, stehen in direktem Widerspruch zueinander. Der Geist, der die selbst-lose Natur eines Objekts wahrnimmt, ist ein machtvolles Gegenmittel gegen jenen unwissenden Geist, und deshalb kann der unwissende Geist überwunden werden. Das entspricht der Art, wie jeder Aspekt menschlichen Elends verringert werden kann – indem nämlich geeignete Maßnahmen ergriffen werden, ihm entgegenzuwirken. Es liegt in der Natur der Dinge, dass ihr Potential gemindert wird, wenn sie mit entgegengesetzten Faktoren konfrontiert werden.

Den Geist, der die Wirklichkeit wahrnimmt, bezeichnet man als transzendentes Gewahrsein. Er ist eine positive Eigenschaft des Geistes und wird dadurch gestützt, dass er eine gültige Erkenntnis darstellt. Es liegt in der Natur des Geistes, dass er endlos fortentwickelt werden kann, wenn man ihn an eine positive Eigenschaft gewöhnt. Anders als im Falle des Geistes besitzen die positiven Eigenschaften des Körpers nicht die Eigenschaft, sich endlos ausweiten zu können. Das ist einfach auf die Tatsache zurückzuführen, dass der Körper aus grobstofflichen Elementen besteht, und die Eigenschaften solcher grobstofflichen Formen haben nicht das Potential, sich endlos auszuweiten.

Wenn wir sagen, der unwissende Geist sei verkehrt oder falsch, dann sprechen wir über die Art, wie er die Wirklichkeit missversteht. Daraus ergeben sich natürlich sofort die Fragen: Was *ist* Wirklichkeit? Inwiefern irrt dieser Geist hinsichtlich der Wirklichkeit? Und auf welche Weise fasst dieser Geist die Wirklichkeit falsch auf? Die Wirklichkeit oder das Leersein von wahrer Existenz ist etwas, das man auf logischem Wege feststellen kann. Es gibt gute oder perfekte Gründe, mit denen sich das Leersein von inhärenter Existenz beweisen lässt, und wir können von diesen Gründen überzeugt werden. Andererseits gibt es keinen logischen Weg, wahre Existenz zu beweisen. Wahre Existenz ist das, was einem gewöhnlichen, nicht geschulten Bewusstsein erscheint. Untersucht man sie jedoch logisch genau, dann kann man wahre Existenz nicht auffinden. Selbst in unserem Alltagsleben finden wir oft Widersprüche zwischen der Art, wie gewisse Dinge uns erscheinen, und ihrer tatsächlichen Weise der Existenz. Das heißt, die Weise, auf die Dinge tatsächlich existieren, unterscheidet sich von der Weise, wie sie zu existieren scheinen. Dieser Gedanke lässt sich ziemlich leicht illustrieren: In weltlichen Angelegenheiten sprechen wir oft von jemandem, der »enttäuscht« oder »desillusioniert« wurde. Enttäuschung entsteht infolge einer Diskrepanz zwischen der Art, wie eine Situation zu sein scheint, und der Art, wie sie tatsächlich ist.

Untersuchen wir einmal unsere Situation als menschliche Wesen. Verglichen mit dem von Tieren, ist unser Geist unerhört mächtig. Wir sind fähig zu analysieren, ob jenseits der Ebene der Erscheinung eine Wirklichkeit existiert, während Tiere sich nur mit dem befassen, was ihnen erscheint. Das ist sehr klar, ebenso wie die Tatsache, dass verschiedene Menschen verschiedene mentale Fähigkeiten haben. Untersuchen wir sie näher, dann sind viele Arten von Geist, denen man im Allgemeinen gültige Erkenntnis zuspricht, in einem tieferen Sinne irrend. Die Weise, auf die Phänomene wirklich existieren, ist eine andere als das, was einem solchen Geist erscheint. Wir nehmen die Wirklichkeit oder Leere normalerweise anders wahr, als auf die Weise, in der sie tatsächlich existiert. Unsere Wahrnehmung solch vergänglicher Dinge wie Gebirgszüge oder Häuser entspricht nicht ihrer tatsächlichen Weise der Existenz. Einige dieser Dinge existieren schon seit Jahrhunderten, ja sogar Jahrtausenden. Und unser Geist nimmt sie genau auf diese Weise wahr – als fortdauernd und beständig, unberührt von jedem augenblicklichen Wandel. Wenn wir diese Objekte jedoch auf der atomaren Ebene untersuchen, dann zerfallen sie in jedem Augenblick; sie unterliegen augenblicklichem Wandel.

Auch die Naturwissenschaft beschreibt ein ähnliches Muster des Wandels. Diese Objekte erscheinen solide, stabil und dauerhaft, sind jedoch ihrer wahren Natur nach in stetem Wandel begriffen und halten nicht einmal für einen Augenblick still.

2. Kapitel

Schulung des Geistes

Es ist von wesentlicher Bedeutung, zu lernen und sich zu bilden. Schulung des Geistes ist ein Prozess der Gewöhnung. Im buddhistischen Kontext bezieht sich Gewöhnung oder Meditation auf die positive Transformation des Geistes, das heißt auf die Beseitigung seiner mangelhaften und die Verbesserung seiner positiven Eigenschaften. Durch Meditation können wir unseren Geist so schulen, dass negative Eigenschaften aufgegeben und positive erzeugt und gefördert werden. Ganz allgemein sprechen wir von zwei Arten der Meditation: der analytischen und der einspitzigen. Das Objekt der Meditation wird zuerst einem Prozess der Analyse unterworfen, in dem man wiederholt versucht, mit der vorliegenden Materie vertraut zu werden. Hat der Praktizierende einigermaßen Gewissheit über den Gegenstand der Meditation erlangt, dann sammelt sich der Geist ohne weitere Analyse auf ihn. Die Kombination von analytischer Meditation und Sammlung ist eine wirksame Methode, den Geist mit dem Objekt der Meditation vertraut zu machen, und trägt somit dazu bei, den Geist richtig zu schulen.

Wir müssen erkennen, wie wichtig es ist, den Geist zu schulen. Das ergibt sich aus der fundamentalen Tatsache, dass jeder Einzelne von uns von Natur aus nach Glück strebt und kein Leid wünscht. Das sind ganz natürliche menschliche Eigenschaften, die nicht erst erzeugt werden müssen. An diesem Verlangen ist nichts Falsches. Die Frage ist, wie wir diese Ziele, glücklich zu werden und dem Leid zu entgehen, erreichen können. Es ist zum Beispiel ein grundlegendes Ziel der Erziehung, Glück zu erlangen und Leid zu vermeiden. Der einzelne Mensch kämpft sich durch den Prozess der Erziehung hindurch, damit er ein erfolgreiches und sinnvolles Leben genießen kann. Durch Bildung können wir das Glück vermehren und das Leid verringern. Erziehung nimmt verschiedene Formen an. Dennoch bezwecken alle im Wesentlichen, an der Schulung und Ausformung des Geistes mitzuwirken.

Der Geist hat Macht über den Körper und die Rede, weshalb jede Schulung von Körper und Rede mit dem Geist beginnen muss. Um es anders auszudrücken: Damit eine körperliche oder verbale Schulung stattfinden kann, muss es zunächst eine Motivation geben. Der Geist erkennt die Vorteile einer solchen Schulung und erzeugt Interesse dafür. Zweck der Schulung des Geistes ist es, unser Leben lebenswert zu machen. Durch den Vorgang der Schulung des Geistes lernen wir viel Neues und sind auch im Stande, zahlreiche Mängel oder

Dinge zu entdecken und zu identifizieren, die beseitigt oder korrigiert werden können.

Nunmehr stehen wir vor der Aufgabe, die Mittel und Methoden zu entdecken, die uns in die Lage versetzen, Falsches auszumerzen und günstige Bedingungen für die Umwandlung unseres Geistes zu schaffen. Das ist von ganz entscheidender Bedeutung. In unserem Alltagsleben hilft die Erziehung uns, die erforderlichen und förderlichen Faktoren zu finden, die zum Entstehen von Glück führen. In diesem Prozess sind wir auch in der Lage, die Faktoren aufzugeben, die uns unglücklich machen. Durch Erziehung gestalten wir also unser Leben glücklich und lebenswert.

Blicken wir auf unser Leben innerhalb eines sozialen Kontextes, dann spielt Erziehung eine entscheidende Rolle. Wie wir eine jeweils gegebene Situation bewältigen, hängt vom Verhalten unseres Körpers, unserer Rede und unseres Geistes ab. Da der Geist hier der Anführer ist, ist ein disziplinierter Geist ganz wesentlich. Im Leben hängen Glück oder Leid von der Macht oder Intelligenz des Geistes ab. Und wie diese Erfahrungen unser Leben beeinflussen, hängt ebenfalls vom Geist ab. Das Verhalten von Körper, Rede und Geist kann zudem unseren Seinszustand in der Zukunft bestimmen. Dies wiederum hängt von unserer Geisteshaltung ab. Missbrauchen wir unser geistiges Potential, dann machen wir Fehler und leiden unter unangenehmen Konsequenzen. Wird andererseits das Potential des Geistes geschickt gezügelt, dann erzielen wir positive und angenehme Ergebnisse. Wir werden erheblich davon beeinflusst, wie es um unseren Geisteszustand steht und wie wir die Dinge wahrnehmen. Aufgrund der Kontrolle, die sie über ihren Geist haben, lassen einige Menschen sich wenig durch Fehlschläge oder widrige Umstände beeinflussen. Dies ist ein klares Beispiel, weshalb es so wichtig ist, den Geist zu zähmen oder zu schulen.

Nachdem wir über die Wichtigkeit der Schulung des Geistes nachgedacht haben, könnten wir uns fragen, was der Geist überhaupt ist. Auf diese Frage hin reagieren die meisten Menschen damit, dass sie sich den Kopf kratzen und dann auf ihr Gehirn deuten. Das ist teilweise richtig, weil wir spezifisch über den menschlichen Geist reden. Der menschliche Geist existiert nicht unabhängig vom menschlichen Körper. Das Bewusstsein, das eine besondere Beziehung zum menschlichen Körper hat, wird als menschliches Bewusstsein bezeichnet. Und das Bewusstsein, das eine besondere Beziehung zum tierischen Körper hat, wird als animalisches Bewusstsein bezeichnet. Der menschliche Geist oder das Bewusstsein, von dem wir hier reden, besteht tatsächlich aus einer großen Anzahl von Geisteszuständen, von denen einige sehr subtil, andere gröberer Natur sind. Viele der gröberen Typen sind mit einem Sinnesorgan verbunden, etwa dem Auge, und viele sind eindeutig mit dem Gehirn verbunden. Es liegt auf der Hand, dass diese äußeren Grundlagen oder Faktoren von entscheidender Bedeutung für das Entstehen eines Bewusstseins sind. Die Hauptursache eines jeden Geistes ist jedoch der vorausgehende Augenblick des Bewusstseins, dessen Natur Klarheit und Gewahrsein ist. Das nennt man die unmittelbare Bedingung.

Das Werk »Vierhundert Verse« von Āryadeva erwähnt die logische Erfordernis, dass eine Grundursache des Bewusstseins das Potential zur Transformation haben und eine Natur von Klarheit und Gewahrsein besitzen muss. Anderenfalls würde das Bewusstsein entweder niemals erzeugt oder aber zu jeder Zeit erzeugt, was offensichtlich nicht akzeptabel ist. Die Auswirkung einer Handlung hinterlässt Spuren in unserem mentalen Bewusstsein, und als Ergebnis können wir diese Erfahrung noch nach einem Monat oder Jahr, ja selbst nach zehn oder mehr Jahren erinnern. Das nennt man das Erwecken einer latenten Potenz. Diese Potenz wurde durch die Kontinuität des Bewusstseins weitergegeben, und wenn die erforderlichen Bedingungen ins Spiel kommen, dann gelangt die vergangene latente Einprägung an die Oberfläche. Daher sagen wir auch, dass wir latente Eindrücke aus früheren Leben erwecken. Doch kann die Beziehung des Geistes zum Gehirn die subtilen Aspekte einer latenten Potenz nicht ausreichend beschreiben. Dieses Konzept der latenten Potenz zu verstehen kann uns helfen, zu einem Verständnis des Lebens und der Entstehung und Auflösung des Universums zu gelangen. Es vermag auch Antworten zu geben auf gewisse Zweifel hinsichtlich unserer menschlichen Gedanken, abergläubischen Vorstellungen und sonstigen Projektionen des Geistes.

Die buddhistische Philosophie beschreibt klar die Leitlinien und Methoden, die es ermöglichen, einen allwissenden Geist zu erlangen – die höchste Eigenschaft des Geistes, die die volle Ausnutzung seines Potentials und seiner Macht repräsentiert. Um die endgültige Frucht des allwissenden Geistes zu verwirklichen, müssen wir uns in seinen vollständigen und richtigen Ursachen schulen. Wir müssen auch dafür sorgen, dass wir uns an die richtige Reihenfolge in dieser Schulung halten. Daher heißt es im Text:

Auch sollst du unter diesen Ursachen und Bedingungen die richtigen und vollständigen Ursachen kultivieren. Praktizierst du die falschen Ursachen, kann das gewünschte Ziel nicht erreicht werden, selbst wenn du lange Zeit hart arbeitest. Das wäre so, als wollte man [eine Kuh] an den Hörnern melken. Genauso wird das Ergebnis nicht erreicht, wenn nicht alle Ursachen zur Wirkung gebracht werden. Fehlt beispielsweise die Saat oder irgendeine andere Ursache, dann kommt das Ergebnis, ein Keim und so weiter, nicht zustande. Daher sollte jeder, der ein bestimmtes Ergebnis erzielen will, dessen vollständige und irrtumsfreie Ursachen und Bedingungen kultivieren.

Außer dem Zusammenbringen vollständiger und richtiger Ursachen ist die Schulung in der richtigen Reihenfolge der Ursachen entscheidend dafür, dass der Geist sich ausweitet und allwissend wird. Will man zum Beispiel ein köstliches Mahl zubereiten, reicht das bloße Ansammeln aller notwendiger Bestandteile dafür nicht aus. Wir müssen wissen, wie man Zutaten wie Öl, Gewürze und dergleichen zusammenstellt, um den gewünschten Geschmack zu erreichen.

Fragt ihr: »Welches sind die Ursachen und Bedingungen der endgültigen Frucht der Allwissenheit?«, dann bin ich, der ich einem Blinden gleiche, vielleicht nicht in der Lage, das selbst zu erklären. Doch werde ich Buddhas eigene Worte benutzen, die er nach seiner Erleuchtung zu seinen Jüngern sprach. Er sagte: »Vajrapāni, Herr der Geheimnisse, die transzendente Weisheit der Allwissenheit, wurzelt im Mitgefühl und entsteht aus einer Ursache – dem altruistischen Denken, dem Erweckenden Geist des Bodhichitta und der Vollkommenheit Geschickter Mittel.

An dieser Stelle bezieht Kamalashīla sich auf die Worte des Buddha und nennt die richtigen Ursachen und Mittel zum Erlangen von Allwissenheit. Er sagte, jeder an Allwissenheit Interessierte sollte den Erweckenden Geist des Bodhichitta praktizieren, der auf Mitgefühl basiert. Diese Übung sollte durch die Sechs Vollkommenheiten unterstützt werden, mit besonderer Betonung der Vereinigung der Meditation des Ruhigen Verweilens mit Spezieller Einsicht. Daher sollten die als Methode und Weisheit bekannten Aspekte der Übung als so komplementär angesehen werden, dass sie praktisch untrennbar sind. Das impliziert auch, dass Mitgefühl die Wurzel der buddhistischen Lehre darstellt und dass der gesamte Fundus der im Großen wie im Kleinen Fahrzeug enthaltenen Lehren auf Mitgefühl beruht.

3. Kapitel

Mitgefühl

Von Mitgefühl bewegt, legen Bodhisattvas das Gelübde ab, alle fühlenden Wesen zu befreien.

Mitgefühl ist von wesentlicher Bedeutung auf der anfänglichen, der mittleren und der Endstufe spiritueller Entwicklung. Im Einklang mit dieser weit verbreiteten Lehre verpflichten sich Bodhisattvas, jene Großen Wesen, die stark von Mitgefühl bewegt und angetrieben werden, den Zustand der Allwissenheit zum Wohle aller fühlenden Wesen zu erlangen. Dieser Entschluss ist der Erweckende Geist des Bodhichitta, ein aus Mitgefühl entspringendes altruistisches Denken.

Und dann befassen sie sich durch Überwindung ihrer auf sich selbst bezogenen Anschauung fleißig und ausdauernd mit den sehr schwierigen Übungen, Verdienste und Erkenntnisse anzusammeln.

Kraft der Erzeugung des Erweckenden Geistes des Bodhichitta unterziehen sie sich den Übungen der Bodhisattvas, zu denen die Sechs Vollkommenheiten gehören, ohne zu fragen, wie lange es dauern wird, sie zu vollenden. Das führt dazu, dass sie nach und nach im Stande sind, ohne besondere Mühen riesige Verdienste und große Einsicht anzuhäufen.

Nachdem sie diese Übungen begonnen haben, werden sie gewiss das Sammeln von Verdienst und Einsicht vollbringen. Bringt man es fertig, Verdienst und Einsicht anzuhäufen, ist das so, als halte man die Allwissenheit bereits selbst in der Hand. Da Mitgefühl die einzige Quelle von Allwissenheit ist, sollte man sich von Anfang an mit diesen Übungen vertraut machen.

An dieser Stelle erwähnt der Autor, dass Mitgefühl die *einzige* Wurzel oder Grundlage von Allwissenheit ist. Das Wort »einzige« betont, dass Mitgefühl eine wesentliche Ursache von Allwissenheit ist, jedoch nicht andere Ursachen und Bedingungen negiert. Er hebt hervor, dass Mitgefühl eine notwendige Ursache ist, weil Allwissenheit nicht ohne Mitgefühl erlangt werden kann. Würde Mitgefühl allein ausreichen, dann stünde das im Widerspruch zu der vorherigen Feststellung über die Notwendigkeit, sich in Mitgefühl, dem Erweckenden Geist des Bodhichitta und der Nutzung Geschickter Mittel zu üben.

Im »Kompendium des vollkommenen Dharma« heißt es: »O Buddha, ein Bodhisattva sollte sich nicht in vielen Praktiken schulen. Hält ein Bodhisattva sich auf die richtige Weise an einen Dharma und lernt ihn vollkommen, dann hält er alle Buddha-Eigenschaften in seiner hohlen Hand. Und wenn man fragt, welches dieser eine Dharma sei: Es ist das Große Mitgefühl.

An dieser Stelle betont Buddha stark die Bedeutung von Mitgefühl. Der Erweckende Geist des Bodhichitta wird auf der Grundlage des Mitgefühls geschaffen, und der Einzelne verpflichtet sich, die guten Taten eines Bodhisattva zu tun, und erlangt auf diese Weise Erleuchtung. Die natürliche Implikation dieser These ist, dass man ohne Mitgefühl nicht den höchsten Erweckenden Geist des Bodhichitta erzeugen kann, in dem man andere mehr schätzt als sich selbst. Ohne diese altruistische Haltung ist es unmöglich, die Mahāyāna-Werke eines Bodhisattva zu vollbringen, zum Beispiel die Sechs Vollkommenheiten zu praktizieren. Und ohne diese Prozedur zu befolgen, kann man nicht den allwissenden Zustand der Buddhaschaft erreichen. Aus diesem Grunde ist Mitgefühl so wichtig.

Die Buddhas haben bereits alle eigenen Ziele erreicht, bleiben jedoch im Kreislauf der Existenz, so lange es noch fühlende Wesen gibt. Sie tun dies, weil sie das Große Mitgefühl besitzen. Sie betreten auch nicht wie die Hörer den unerhört glückseligen Aufenthaltsort des Nirvāna. Da für sie die Interessen fühlender Wesen an erster Stelle stehen, verzichten sie darauf, im friedlichen Nir-

vāna zu verweilen, und meiden es wie ein Haus aus rot glühendem Eisen. Deshalb ist das Große Mitgefühl allein die unvermeidliche Ursache des Nichtverweilenden Nirvāna des Buddha.

Mitgefühl wird in vielen Abhandlungen stark empfohlen, und seine Bedeutung kann nicht überbetont werden. Deshalb preist Chandrakīrti das Mitgefühl so sehr und sagt, es sei von wesentlicher Bedeutung in der anfänglichen, mittleren und Schlussphase des Weges zur Erleuchtung.

Anfänglich wird der Erweckende Geist des Bodhichitta mit Mitgefühl als Wurzel oder Grundlage erzeugt. Das Praktizieren der Sechs Vollkommenheiten ist entscheidend, wenn ein Bodhisattva das Endziel erreichen will. Auf der mittleren Stufe ist Mitgefühl gleichermaßen relevant. Selbst nach der Erleuchtung ist es das Mitgefühl, das die Buddhas dazu bringt, sich nicht dem glückseligen Zustand eines angenehmen Nirvāna hinzugeben. Es ist die motivierende Kraft, die die Buddhas in die Lage versetzt, das Nichtverweilende Nirvāna zu betreten und den Wahrheitskörper zu verwirklichen, der die Erfüllung des eigenen Zwecks repräsentiert, sowie den Formkörper, der die Erfüllung der Bedürfnisse anderer repräsentiert. Auf diese Weise dient der Buddha, so lange der Raum existiert, kraft der Macht des Mitgefühls ohne Unterbrechung den Interessen der fühlenden Wesen. Das zeigt, dass der Erweckende Geist des Bodhichitta selbst nach Erreichen der endgültigen Bestimmung von entscheidender Bedeutung bleibt. Kamalashīlas Hinweis auf eine andere Abhandlung von Chandrakīrti verstärkt noch die Gültigkeit dieser These und hat zudem den Vorteil mitzuhelfen, die Zuhörer zu überzeugen.

Im Allgemeinen müssen philosophische Anschauungen in der buddhistischen Überlieferung nicht allein durch die Autorität der kanonischen Schriften bewiesen werden. Vielmehr soll der Einzelne sich vor allem auf Logik und Beweisführungen verlassen, um zum Glauben und zur Überzeugung von dieser Philosophie zu gelangen. Objekte des Wissens lassen sich allgemein einstufen als: offensichtliche Phänomene, teilweise verborgene Phänomene und völlig verborgene Phänomene. Es bedarf keiner Logik, um die Existenz offensichtlicher Phänomene zu beweisen. Wir können sie unmittelbar erfahren und verstehen und dadurch ihre Existenz erweisen. Da teilweise verborgene Phänomene durch unmittelbare Erfahrung nicht erwiesen werden können, müssen sie durch Anwendung von Logik festgestellt werden. Das Objekt der Analyse wird dann durch auf Erfahrung beruhende schlussfolgernde Erkenntnis verstanden. Dabei mag es erforderlich sein, mehrere Beweisführungen anzuwenden, um den Zweck zu erreichen. Menschen, deren Verstehen einer anfänglichen Ebene der Entwicklung entspricht, ist es nicht möglich, völlig verborgene Phänomene durch die Wissenschaft der Logik zu untersuchen. Derartige Phänomene lassen sich auch kaum durch Bezugnahme auf unsere Erfahrung erweisen. In diesem Bereich müssen wir uns auf die gültige Autorität der kanonischen Schriften verlassen.

Die Verlässlichkeit oder Autorität der in Schriften enthaltenen Lehren muss also zunächst festgestellt werden. Desgleichen muss die Geltung oder Glaubwürdigkeit des Lehrers, von dem diese Lehren stammen, bewiesen werden. Die Autorität von Schriften muss einer dreifachen Analyse standhalten: dass offensichtliche Phänomene betreffende Lehren nicht durch direkte Anschauungen widerlegt werden; dass teilweise verborgene Phänomene betreffende Lehren nicht durch schlussfolgernde Erkenntnisse widerlegt werden; und dass schließlich die völlig verborgenen Phänomene betreffenden Lehren nicht durch auf Glauben beruhende schlussfolgernde Erkenntnis widerlegt werden. Die Gültigkeit solcher Autorität der kanonischen Schriften muss dann wiederum durch logische Beweisführung getestet werden.

Da es heißt, dass die Lehren wahr oder gültig in bezug auf den Hauptsinn oder das Hauptziel sind, kann man ihre Gültigkeit hinsichtlich anderer Ziele durch Schlussfolgerung verstehen. Unser Hauptziel ist der Zustand endgültigen Gutseins (Nirvāna und Allwissenheit), während günstige Wiedergeburten als menschliches Wesen oder Gott ein gewöhnliches Ziel sind. Wenn sich also bei logischer Prüfung herausstellt, dass Lehren, die den Prozess der Verwirklichung endgültigen Gutseins vorantreiben, keine Mängel aufweisen, ist es nicht möglich, dass sie hinsichtlich gewöhnlicher

Ziele fehlerhaft sind. Der gesunde Menschenverstand sagt einfach: Ist etwas wahr im Hinblick auf die schwierigen Aspekte einer Frage, dann ist es ohne jeden Zweifel wahr hinsichtlich der einfachen Angelegenheiten.

Außerdem war der Lehrer, von dem diese Lehren stammen, ein ehrenwerter und zuverlässiger Mensch. Er erlangte seine Verwirklichung durch die Kraft seiner Praxis des Mitgefühls. Da er das Große Mitgefühl besaß, war er wahrhaftig motiviert, allen fühlenden Wesen zu dienen. Kraft seines Großen Mitgefühls legte er diese Lehren dar, um den Verlauf des Weges zu demonstrieren, der ihm selbst geholfen hat, die Hindernisse zu überwinden und zum Zustand höchster Vollkommenheit fortzuschreiten. Der Buddha lehrte im Licht seiner eigenen Erfahrung, und da er die unmittelbare Erkenntnis der Absoluten Wirklichkeit besaß, war er äußerst geschickt darin, die Wahrheit zu offenbaren.

Er diente bedingungslos und unermüdlich, und er war bereit für Äonen zum Wohle der fühlenden Wesen zu arbeiten, ganz gleich welcher Art die jeweilige Aufgabe war. Wenn wir diese Punkte verstehen und darüber nachdenken, sollte uns das helfen, uns von der Gültigkeit seiner Lehren zu überzeugen.

Aus diesen Gründen sei es weise, so sagt man, bestimmte in den kanonischen Schriften enthaltene Lehren zu zitieren, um einer Lehre oder Übung mehr Nachdruck zu verleihen. Ein solcher Prozess dient einem hohen Ziel: Er zerstreut zahlreiche unbegründete Zweifel und erweckt neue Einsichten.

4. Kapitel

Gleichmut und die Wurzel Liebender Güte entwickeln

Mitgefühl ist eine der Hauptursachen für die Verwirklichung des Zustandes der Allwissenheit. Es ist wichtig zu Beginn der Übung, während der Übung und selbst nach Verwirklichung der Ergebnisse unseres spirituellen Bemühens. Nunmehr stellt sich die Frage: Wie sollten wir darüber meditieren?

Der Weg, über Mitgefühl zu meditieren, wird von Anfang an gelehrt. Beginne die Übung mit dem Meditieren über Gleichmut. Versuche, gegenüber allen fühlenden Wesen Unparteilichkeit zu verwirklichen, indem du Anhaften und Hass beseitigst.

Mitgefühl ist eine Geisteshaltung, die auf die fühlenden Wesen ausgerichtet ist, welche im Elend leben und die man vom Leiden befreit sehen möchte. Es kann drei Arten von Mitgefühl geben, je nach dem Aspekt der Weisheit, die damit einhergeht. Diese drei Arten sind: auf fühlende Wesen ausgerichtetes Mitgefühl, auf Phänomene ausgerichtetes Mitgefühl und auf das Unbegreifliche ausgerichtetes Mitgefühl. Alle drei sind sich insofern gleich, als sie Geisteszustände sind, die ernsthaft wünschen, fühlende Wesen von ihrem Elend befreit zu sehen. Sie unterscheiden sich nicht hinsichtlich ihres Aspekts, sondern hinsichtlich des Objekts ihrer Ausrichtung, weil sie alle denselben Aspekt des Wunsches haben, fühlende Wesen aus ihrem Leiden zu erlösen. Auf fühlende Wesen ausgerichtetes Mitgefühl nennt man so, weil es auf fühlende Wesen ausgerichtet ist, ohne deren Eigenschaften zu spezifizieren, nämlich vergänglich oder leer von innewohnender Existenz zu sein.

Aus einem anderen Blickwinkel betrachtet, sind die Vorteile des Erzeugens gütiger Gedanken offensichtlich. Das trifft zu, ob man nun an eine bestimmte Religion glaubt oder nicht. Das allgemeine Gutsein einer Person steht in direkter Beziehung zur Kraft oder Qualität der gütigen Gedanken, die er oder sie erzeugt. Eine gütige Person findet viele Bewunderer, die sich einer solchen Person nahe fühlen. Dieses Phänomen kann man selbst bei Tieren beobachten. Tiere zeigen viel Freude, wenn sie Menschen sehen, die freundlich zu ihnen sind. Und sie lieben es, in der Nähe einer solchen Person zu sein. Andererseits werden Menschen, die aggressiv sind und böse Absichten verfolgen, selbst von Tieren und Vögeln mit Argwohn betrachtet. Tiere und Vögel flüchten, wenn sie deren Stimme oder auch nur Schritte hören. Deshalb ist eine freundliche Motivation oder ein gütiges Herz eine höchst wertvolle Eigenschaft.

Menschen voller Mitgefühl sind liebenswürdig gegenüber allen, und ihre angenehme Natur zieht überall Freunde an. Es ist leicht, die Anziehungskraft ihrer mitfühlenden Motivation zu beobachten, wenn wir feststellen, dass selbst Fremde Vergnügen an ihrer Gesellschaft finden. Einige simple Beispiele sollen die Bedeutung der Güte illustrieren. Lächelt jemand zum Beispiel, dann erzeugt das in den Herzen anderer Freude, ohne dass es etwas kostet. Wenn wir nicht friedlich und freudigen Herzens sind, kann nichts uns garantieren, dass wir Freunde gewinnen, auch nicht großer Reichtum. Sind wir neidischen und aggressiven Geistes, dann fällt es schwer, deutlichen Nutzen daraus zu ziehen, selbst wenn wir andere mit Wohlstand überhäufen. Andererseits tragen Menschen, die aufrichtig daran interessiert sind, anderen zu helfen, Frieden und Freude im Herzen. Sie schaffen um sich eine Atmosphäre der Harmonie. Damit sollte klar sein, dass ein gütiges Herz und Hilfsbereitschaft die eigentliche Grundlage des Glücks sind, sowohl für andere wie für uns selbst, jetzt und für alle Zeit.

Die durch hilfreiche Absichten erzeugten positiven Eigenschaften sind weithin als wertvoll und wünschenswert anerkannt. Alle großen Religionen in der Welt lehren ihre Anhänger, gute Menschen zu werden, Geduld zu üben und sich dafür zu interessieren, anderen zu helfen. Was den positiven Wert dieser fundamentalen Grundsätze angeht, herrscht hier Einmütigkeit. Da die Lehre des Buddhismus auf Mitgefühl beruht, wird gerade hier auf diese Praxis sehr viel Wert gelegt.

Was ist also die buddhistische Technik des Meditierens über Mitgefühl? Einerseits müssen wir Liebende Güte gegenüber leidenden Wesen entwickeln, und zweitens müssen wir die Natur des Leidens identifizieren. Wer in diesen beiden Punkten Achtsamkeit bewahrt und seinen Geist auf die unendliche Zahl von Geschöpfen ausrichtet, der wird im Stande sein, den starken Wunsch zu erzeugen, dass alle Freiheit vom Leiden und dessen Ursachen erlangen mögen. Zu Beginn dieses Prozesses sollte man sich bemühen, Liebende Güte gegenüber Wesen zu entwickeln, die in Not sind. Zu diesem Zweck wird Meditation über Gelassenheit gelehrt.

Prüfen wir den Zustand unseres gewöhnlichen Geistes, dann können wir sehen, wie er fühlende Wesen in drei Gruppen unterteilt: solche, denen wir uns nahe fühlen, jene, gegen die wir Abneigung empfinden, und solche, die uns gleichgültig sind. Gewisse Wesen betrachten wir als enge Freunde und Verwandte. Andere halten wir uns vom Leibe, weil wir den Gedanken hegen, sie hätten uns, unseren Freunden, Verwandten und Besitztümern in der Vergangenheit geschadet, dass sie es jetzt tun und dasselbe auch in Zukunft tun werden. Mit derartigen Gedanken erzeugen wir Abneigung gegen diese Geschöpfe. Selbst wenn wir davon sprechen, Mitgefühl für alle Geschöpfe zu entwickeln, ist unser Mitgefühl gegenüber anderen unter diesen Umständen in Wirklichkeit einseitig und oberflächlich, soweit unsere eigenen Zwecke im Spiel sind. Um wahres Mitgefühl für alle Geschöpfe erzeugen zu können, müssen wir daher zunächst eine Haltung des Gleichmuts schaffen, ein unparteiisches Denken, das alle fühlenden Wesen als gleichwertig ansieht.

Es ist auch wichtig zu erkennen, dass unsere Freundlichkeit, auch wenn wir uns unseren Freunden und Verwandten nahe fühlen und ganz allgemein freundlich zu ihnen sind, aus Anhaften und Festhalten entspringt. Hinter unserer augenscheinlichen Güte steckt ein selbstsüchtiges Motiv. Wir haben Vorurteile, meinen, eine bestimmte Person habe mir auf diese Weise genutzt oder jene Person habe sich mir gegenüber auf jene Weise verhalten. Wenn wir also den Begriff »Güte« im Alltag verwenden, dann meinen wir etwas, was man zutreffender Anhaften nennen sollte.

Was meinen wir, wenn wir von wahrhaft mitfühlender Güte sprechen? Mitgefühl ist im Wesentlichen Sorge um das Wohlergehen anderer – deren Glück und deren Leiden. Andere wollen Elend ebenso vermeiden wie wir. Daher fühlt sich eine mitfühlende Person betroffen, wenn es anderen schlecht geht, und sie entwickelt eine positive Absicht, sie davon zu befreien. Für normale Menschen ist das Gefühl der Nähe zu ihren Freunden und Verwandten kaum mehr als ein Ausdruck eines anklammernden Begehrens. Es muss gemäßigt und nicht gefördert werden. Es ist wichtig, Anhaften und Mitgefühl nicht zu verwechseln. In einigen

Texten wird der Begriff »Anhaften« benutzt, um Mitgefühl zu bezeichnen. Obgleich Anhaften einige Ähnlichkeit mit Mitgefühl hat, entsteht es doch in Abhängigkeit von der irrigen Auffassung einer wahren Existenz. Mitgefühl hängt jedoch nicht zwangsläufig von der fälschlichen Auffassung einer wahren Existenz ab. Ein mitfühlender Gedanke wird von dem Wunsch motiviert, dazu beizutragen, dass Wesen von ihrem Elend befreit werden.

Ganz allgemein gibt es zwei Techniken, Gleichmut zu entwickeln. Bei der ersten denken wir an die Ungewissheit von Beziehungen sowie die Vergänglichkeit und das Leiden und gelangen dann zur Einsicht, wie nutzlos es ist, an einigen Menschen zu haften und andere zu hassen. Bei der zweiten sehen wir, dass alle fühlenden Wesen gleich sind in ihrem Wunsch, Glück zu erlangen und frei von Leid zu sein, weshalb wir versuchen, eine unparteiische Haltung gegenüber allen Wesen einzunehmen. Unser Wurzeltext fasst diese Methode zur Entwicklung von Gelassenheit folgendermaßen zusammen:

Alle fühlenden Wesen verlangt es nach Glück und nicht nach Elend. Denke tief darüber nach, dass es in diesem anfanglosen Kreislauf der Existenz nicht ein einziges fühlendes Wesen gibt, das nicht schon Hunderte Male dein Freund oder Verwandter gewesen ist. Da es also keinen Grund gibt, einigen anzuhaften und andere zu hassen, werde ich gegenüber allen fühlenden Wesen ein Gefühl des Gleichmuts entwickeln. Beginne die Medita-

tion über Gleichmut mit dem Gedanken an eine neutrale Person und danach betrachte Menschen, die Freunde und Feinde sind.

Alle fühlenden Wesen sind genau gleich, indem sie alle nach Glück streben und Elend zu vermeiden suchen. Wir sind nicht isolierte Dinge, die mit anderen nichts zu tun haben. Glück und Elend anderer wirken auf uns ein. Diese wechselseitige Beziehung ist offenkundig. Fühlende Wesen sind seit undenklichen Zeiten gütig zu uns gewesen und haben uns direkt oder indirekt genutzt. Diese Geschöpfe sind ureigentlich dieselben wie wir in ihrem Streben nach Glück und ihrem Bemühen, Leid zu vermeiden. Daher ist es für uns zweifellos logisch, uns in der Pflege einer unparteiischen Haltung zu schulen, die Glück für alle Geschöpfe wünscht.

Um einen Geisteszustand verwirklichen zu können, der jeden als gleichwertig betrachtet, mag es gelegentlich wirksamer sein, über bestimmte Einzelpersonen zu meditieren. Man visualisiere drei Individuen: eines, das uns in diesem Leben geschadet hat, deinen Feind; eines, das dir direkt genützt hat, deinen Freund; und eines, das dir weder geschadet noch genutzt hat, einen Fremden.

Prüfen wir die gewöhnliche automatische Reaktion des Geistes, dann stellen wir fest, dass der Geist im Hinblick auf den Feind denkt: »Dies ist mein Gegner.« Er wird verärgert, nachtragend oder hasserfüllt. Beim Gedanken an den Freund fühlt der Geist sich entspannt und angenehm. Gegenüber dem Fremden gibt es weder Verärgerung noch Gefühle der Freude.

Der nächste Schritt besteht darin, nach den Gründen für diese Arten von Reaktionen zu suchen. Die Gründe sind in der Tat oberflächlich und beruhen auf engherzigen, selbstsüchtigen Einstellungen. Wir hängen an Freunden oder Verwandten wegen des vorübergehenden Nutzens, den sie uns in diesem Leben gebracht haben. Wir hassen unsere Feinde wegen irgendeines Schadens, den sie uns zugefügt haben. Menschen sind nicht von Geburt an unsere Freunde, sondern sie werden es aufgrund bestimmter Umstände. Ebenso wenig wurden unsere Feinde feindselig geboren. Solche Beziehungen sind keineswegs zuverlässig.

Im Laufe unseres Lebens kann unser bester Freund von heute sich morgen als unser schlimmster Feind erweisen. Und ein vielgehasster Feind kann zu unserem vertrautesten Freund werden. Sprechen wir darüber hinaus von unseren vielen Leben in der Vergangenheit, dann wird die Unzuverlässigkeit dieser Beziehung noch augenscheinlicher. Aus diesen Gründen demonstrieren Animosität gegenüber Feinden und Anhaften gegenüber Freunden nur die engstirnige Haltung, die allein einen vorübergehenden und flüchtigen Vorteil sieht. Betrachten wir andererseits die Dinge aus einer umfassenderen Perspektive und mit mehr Weitsicht, dann wird in unserem Geist Gleichmut aufkeimen, der uns in die Lage versetzt, die Nutzlosigkeit von Feindschaft und anhaftendem Begehren zu erkennen.

Bist du durch längeres Meditieren in der Lage, deine Gefühle gegenüber diesen drei Individuen – dem Freund, dem Feind und dem Fremden – gleich zu gestalten, dann dehne den Bereich deiner Meditation Schritt für Schritt auf deine Nachbarn, deine Mitbürger und deine Landsleute aus. Schließlich weite die Meditation dahin aus, dass sie alle Wesen in der Welt umfasst. Mit bestimmten Einzelpersonen zu beginnen ist eine wirksame Methode zur Entwicklung vollkommenen Gleichmuts. Meditierst du von Anfang an über eine große Zahl von Wesen, dann mag deine Einübung von Gelassenheit zwar einigermaßen stabil erscheinen, wirst du dann aber mit spezifischen Individuen konfrontiert, dann wirst du erkennen, wie wenig Boden du gewonnen hast. Darum wird die Technik der allmählichen Ausweitung des Horizonts deiner Meditation von vielen Meistern der Vergangenheit gepriesen und empfohlen.

Betrachten wir nunmehr das Konzept des anfanglosen Kreislaufs der Existenz. Auf einer Ebene kann man ihn als einen kontinuierlichen zyklischen Prozess von einem Augenblick zum nächsten unter dem Einfluss Störender Gefühle und von Karma beschreiben. Diese Situation hat ihre Ursachen, doch sind die Ursachen nicht von Dauer. Wären die Ursachen beständig, dann wäre auch das Ergebnis von Dauer. Ebenso wenig ist der Existenzkreislauf ein Produkt der Absicht von Īshvara, den einige für den Schöpfer halten. Was ist dann also der Existenzkreislauf? Er wird existent in Teilhabe an der wesentlichen Natur seiner Ursachen. Die beiden

Grundursachen für das Geborenwerden in den Kreislauf der Existenz sind Karma und Störende Gefühle, wobei Letztere dominieren. Die Unwissenheit, die eine fälschliche Auffassung einer wahren Existenz darstellt, ist die schwerstwiegende der drei hauptsächlichen Störenden Gefühle. Unwissenheit als fälschliche Auffassung einer wahren Existenz ist nicht etwas, was von irgendwoher importiert wird, sondern ein Erzeugnis des Bewusstseins.

Die natürliche Handlungsweise wäre, zu untersuchen, ob Bewusstsein existiert oder nicht. Da mag es schwierig sein, zu einer endgültigen Schlussfolgerung zu gelangen, und wir müssen uns vielleicht darauf beschränken zu sagen, es existiere in der Natur der Dinge. Doch tritt die Unwissenheit, die an der Wurzel all der anderen Störenden Gefühle liegt und eine Ursache für Geburt im Existenzkreislauf ist, im selben Augenblick in Erscheinung wie das Bewusstsein. Und Bewusstsein hat keinen Anfang. Würden wir annehmen, dass Bewusstsein doch einen Anfang hat, dann würden sich daraus zahlreiche Trugschlüsse ergeben. Wollten wir zum Beispiel ein unbelebtes physisches Etwas als Ausgangspunkt für Bewusstsein akzeptieren, dann würde das implizieren, dass wir Ergebnisse aus nichthinreichenden Ursachen akzeptieren.

Bei normalen Ursache-Wirkung-Beziehungen gehören Ursache und Wirkung zur selben Kategorie. Beobachten wir die Ursache-Wirkung-Beziehungen physischer Objekte, dann erweist sich das Ergebnis im

Grunde als von derselben Natur wie seine Ursache. Auch das Bewusstsein folgt einem ähnlichen Muster. Jeder Augenblick des Bewusstseins erzeugt ein auf ihn folgendes Ergebnis derselben Kategorie, das heißt, einen weiteren Augenblick des Bewusstseins. Aus diesen Gründen lehren die buddhistischen Schriften das Konzept eines anfanglosen Geistes und die anfanglose Existenz fühlender Wesen. Also heißt es, der Zyklus des Seins habe keinen Anfang.

Unser Text erwähnt, dass fühlende Wesen im Verlauf des Geborenwerdens in diesen anfanglosen Kreislauf der Existenz zahllose Male unsere Verwandten gewesen sind. An dieser Stelle müssen wir uns an die Güte fühlender Wesen erinnern und darüber nachdenken. Jedes Einzelne von ihnen ist mittelbar oder unmittelbar für uns von Nutzen gewesen. Güte und Wohltaten, die uns von Freunden und Verwandten in diesem Leben zuteil wurden, sind ganz offenbar. Selbst Fremde sind von unerhörtem Wert als eine Grundlage zur Anhäufung von Verdienst. Liebende Güte und Mitgefühl werden in Hinsicht auf die unermessliche Anzahl fühlender Wesen kultiviert, indem wir uns an ihre Güte uns gegenüber erinnern.

Als ein Ergebnis dieser Übungen wird der Erweckende Geist des Bodhichitta erzeugt. Dementsprechend erfolgt die Schulung zum Anhäufen von Verdienst und Weisheit in bezug auf fühlende Wesen, und wir ziehen daraus enormen Nutzen. Daher hängen wir von der Güte fühlender Wesen ab, um das endgültige unübertroffene Ziel zu verwirklichen. Shāntidevas Text *Eintritt in das Leben zur Erleuchtung* erläutert aus dieser Perspektive, dass fühlende Wesen und Buddhas gleich sind hinsichtlich dessen, dass sie einzelnen Menschen helfen, den Zustand der Buddhaschaft zu erreichen. Fühlende Wesen sind von unerhörtem Wert und eine große Hilfe, ganz gleich welche Absichten sie hegen. Auf einer konventionellen weltlichen Ebene sind jene unsere Feinde, die uns Schaden zufügen, und deswegen verhalten wir uns ihnen gegenüber feindlich. Aus einem anderen Blickwinkel betrachtet, können wir aus unseren Beziehungen zu unseren Feinden viel Erfahrung und Schulung gewinnen. Gerade in bezug auf Feinde können wir Geduld und Toleranz üben und dadurch die Last von Wut und Hass verringern. Wir sollten aus dieser Gelegenheit maximale Vorteile ziehen, um unsere Übung in Geduld zu bereichern und zu fördern. Aus Gründen wie diesen beschreiben einige Schriften unsere Feinde als unsere besten Lehrer. Kurz gesagt: Alle fühlenden Wesen, unsere Feinde eingeschlossen, gewähren uns auf verschiedene Weise große Hilfe und leisten direkt oder indirekt sehr nützliche Dienste.

Nachdem der Geist Gleichmut gegenüber allen fühlenden Wesen entwickelt hat, meditiere über Liebende Güte. Befeuchte das mentale Kontinuum mit dem Wasser Liebender Güte und bearbeite es so, wie du es mit einem Stück fruchtbaren Landes tun würdest. Wird die Saat des Mitgefühls in einen solchen Geist gepflanzt, wird sie schnell, richtig und vollständig keimen. Sobald du den

Gedankenfluss mit Liebender Güte bewässert hast, meditiere über Mitgefühl.

Um zu illustrieren, wie man Wohlwollen und Mitgefühl erzeugt, bedient Kamalashīla sich der Analogie mit dem Ackerbau. Ebenso wie ein Samen wachsen wird, wenn man ihn in mit Wasser befeuchteten Boden pflanzt, kann man Mitgefühl kultivieren, wenn man den Geist mit Gedanken Liebender Güte als Grundlage vorbereitet hat. Nachdem wir Gleichmut gegenüber allen fühlenden Wesen kultiviert haben, sollten wir alle fühlenden Wesen als gleich ansehen, da sie in vielen Leben unsere engen Freunde und Verwandten gewesen sind, und als uns gleich in dem Streben nach Glück und der Ablehnung von Leiden betrachten. Nach derartiger Schulung des Geistes wirst du dich allen Wesen sehr nahe fühlen und für sie großes Einfühlungsvermögen entwickeln. Je mehr ein Mensch fühlende Wesen anziehend und seinem Herzen nahe stehend findet, desto mehr wird er von ihrem Elend und Schmerz betroffen sein. Deshalb sollte man nach der Meditation über Gleichmut über Liebende Güte meditieren. Pflanzt du nach dem Befeuchten deines Geistes mit dem Wasser Liebender Güte die Saat des Mitgefühls, wird sie schnell und problemlos wachsen.

5. Kapitel

Die Natur des Leidens identifizieren

Der mitfühlende Geist wünscht von Natur aus, dass alle leidenden Wesen vom Leiden frei sein mögen. Meditiere über das Mitgefühl für alle fühlenden Wesen, weil die Wesen in den drei Bereichen der Existenz intensiv von den drei Arten des Leidens in verschiedenen Formen gequält werden.

Der Buddha hat gesagt, dass Hitze und andere Arten von Schmerz die Wesen in der Hölle für sehr lange Zeit ununterbrochen leiden lassen. Er hat auch gesagt, Hungrige Geister würden von Hunger und Durst geplagt und müssten unerhörtes physisches Leid ertragen. Wir können auch sehen, wie Tiere auf verschiedene klägliche Weise leiden: Sie fressen einander, geraten in Wut und werden verletzt oder getötet. Wir bemerken zudem, dass auch menschliche Wesen verschiedene akute Arten von Schmerz erleben. Da sie nicht in der Lage sind, zu finden, was sie wollen, sind sie hasserfüllt und fügen einander Schaden zu. Sie leiden unter dem Schmerz, die schönen Dinge, die sie haben wollen, zu verlieren, und mit den hässlichen Dingen, die sie nicht haben wollen, konfrontiert zu werden, sowie unter dem Schmerz der Armut.

Nachdem Kamalashīla den Vorgang der Schulung beschrieben hat, durch den wir lernen, leidende Wesen als liebenswert und anziehend zu sehen, befasst er sich mit den verschiedenen Arten des Elends, von denen sie geplagt werden. Diese drei sind: das Elend des Leidens, das Elend des Wandels und allgegenwärtiges Elend. Es gibt kein fühlendes Wesen, das nicht von allen dreien geplagt wird. Fühlende Wesen in den drei höheren Bereichen des Existenzkreislaufs mögen vorübergehend verunreinigtes Glück oder einige neutrale Gefühle genießen, doch unterliegen sie letztlich dem Einfluss immerwährenden Elends. Und als solche sind sie des Mitgefühls würdig. Kamalashīla hat auch von den Leiden der Wesen in der Hölle gesprochen, den Hungrigen Geistern, Tieren und Menschen. Außerdem weist er auf einige der Ursachen hin, die menschliche Wesen leiden machen:

Es gibt Menschen, deren Geist durch verschiedene Fesseln Störender Gefühle, etwa gieriges Verlangen, gebunden ist. Andere sind durch verschiedene Arten falscher Anschauungen verstört. Das sind alles Ursachen von Leiden. Deshalb erleiden sie alle starkes Unbehagen, als stünden sie an einem Abgrund.

Auch Götter erleiden verschiedene Formen des Elends:

Götter leiden unter dem Elend des Wandels. Zum Beispiel bedrängen Anzeichen bevorstehenden Todes oder ihres Fallens in unglückselige Zustände ständig den Geist der Götter des Begierde-Bereichs. Wie könnten sie da in Frieden leben?

Der Text definiert jetzt allgegenwärtiges Elend:

Allgegenwärtiges Elend entsteht durch die Macht der Ursachen, die durch Handeln und Störende Gefühle charakterisiert sind. Es hat die Natur und Eigenschaften augenblicklichen Zerfalls und betrifft alle [durch den Kreislauf der Existenzen] wandernden Wesen.

Das Elend des Leidens bezieht sich auf das, was wir gewöhnlich als Leiden, physischen Schmerz, Krankheit und mentale Ängste erkennen. Was wir gewöhnlich als Glücksgefühl erleben (das heißt verunreinigtes oder unreines Glück), wird als das Elend des Wandels bezeichnet. Verunreinigtes Glück ist kein perfektes Glück, sondern die bloße Abwesenheit der gröberen Arten des Leidens. Da verunreinigtes Glück nicht von Dauer ist, sondern durch Unangenehmes beendet wird, wird es als das Elend des Wandels charakterisiert. Allgegenwärtiges Elend bezieht sich auf die Ansammlung mentaler und physischer Komponenten eines Wesens, die verunreinigte Aggregate genannt werden. Sie sind das Ergebnis früheren Karmas und Störender Gefühle und wirken als ein Agens beim Erzeugen künftigen Karmas und Störender Gefühle. Es mag Gelegenheiten geben, bei denen uns weder das Elend des Leidens noch das Elend des Wandels verstört. Solange wir jedoch nicht von unseren verunreinigten mentalen und physischen Aggregaten getrennt sind, werden sie weiterhin die Grundlage für verschiedene Arten des Elends bilden.

Und wenn sie in Kontakt mit den passenden Faktoren und Bedingungen kommen, muss es zwangsläufig zu Leiden kommen. Daher kommt es entscheidend darauf an, über diese drei Arten des Elends nachzudenken.

Der nächste Schritt in diesem Prozess mentaler Schulung betrifft den Willen, von solchem Elend frei zu sein. Es ist von entscheidender Bedeutung, die wahre Natur dieser Leiden zu identifizieren, um das Verlangen zu erzeugen, sich davon zu befreien. Selbst Tiere begreifen das Elend des Leidens als unerträglich und wollen frei davon sein. Sowohl für Buddhisten als auch für Nichtbuddhisten, die nach den Eigenschaften höherer Bereiche streben, etwa denen der höheren Ebenen der Sammlung und der formlosen Welt, begreifen das Elend des Wandels als unangenehm. Sie sind im Stande, sich vorübergehend vom Elend des Leidens zu befreien. Erreicht man solche höheren Bereiche, etwa jene unterhalb der vierten Ebene der Sammlung, wo es nur das Gefühl von Neutralität gibt, dann ist man vorübergehend frei vom Elend des Wandels. Die Menschen auf der vierten Stufe der Meditation und in den formlosen Bereichen sind vorübergehend frei von den ersten beiden Arten des Elends.

Das Erkennen des allgegenwärtigen Elends ist der Katalysator, der den einzelnen Menschen dazu bewegt, den Zustand der Befreiung anzustreben. Erkennt er die wahre Identität des allgegenwärtigen Elends, dann erzeugt das ein Gefühl des Überdrusses. Die Menschen werden der Nachteile Störender Gefühle und ihrer

Instabilität gewahr. Das Verstehen der Mängel der Störenden Gefühle muss dem Verstehen der Mängel verunreinigter mentaler und physischer Bestandteile vorausgehen. Sehen wir das Ungenügen oder die Nachteile Störender Gefühle, so fordert uns das heraus zu versuchen, uns davon zu trennen. Beseitigen wir unsere Störenden Gefühle, dann erlangen wir das, was man Nirvāna oder Befreiung nennt. Die richtige Identifizierung allgegenwärtigen Leidens und eine starke Abneigung ihm gegenüber sind die bestimmenden Faktoren im Prozess der Entwicklung echter Entsagung oder des Willens, Befreiung zu erlangen.

Der Text hat die augenblickliche Natur allgegenwärtigen Leidens erwähnt. Dieses Konzept lässt sich auf zwei Weisen interpretieren, was sich an einem Beispiel erläutern lässt. Erstens zerfällt alles Vergängliche und wandelt sich jeden Augenblick. Beispielsweise ist auch ein allwissender Geist vergänglich, und zu seiner Natur gehört es, von Augenblick zu Augenblick zu zerfallen. Zweitens besitzt ein vergängliches Phänomen keine selbständige Identität und unterliegt dem Einfluss anderer Faktoren wie seinen Ursachen und Bedingungen. Als solches bleibt allgegenwärtiges Leiden nicht einmal für einen Augenblick konstant, sondern befindet sich in einem steten Prozess von Zerfall und Wandel.

Betrachte daher alle wandernden Wesen als in ein großes Feuer des Elends versunken. Denke, dass sie dir alle darin gleichen, dass sie keinerlei Leid erfahren wollen: »O weh! Alle meine geliebten

fühlenden Wesen empfinden derartigen Schmerz. Was kann ich tun, um sie zu befreien?«, und mache ihre Schmerzen zu deinen eigenen. Ob du dich in einspitziger Meditation befindest oder deinen gewöhnlichen Tätigkeiten nachgehst, meditiere jederzeit über Mitgefühl, und richte dich auf alle fühlenden Wesen aus mit dem Wunsch, dass sie alle frei von Leiden sein mögen.
Beginne mit dem Meditieren über deine Freunde und Verwandten. Erkenne, wie sie die verschiedenartigen Leiden, die hier erläutert wurden, erfahren.

Im Voranstehenden erklärt der Autor die Schritte der Meditation über Mitgefühl. Mitgefühl ist der Wunsch, dass alle fühlenden Wesen von Leiden und ihren Ursachen frei sein mögen. Um den Geist dazu zu schulen, mitfühlend zu sein, muss man eine Übung aufrechterhalten, die sowohl formale Meditationssitzungen als auch Achtsamkeit während des darauf folgenden Zeitraums einschließt. Ein Übender sollte sich also nicht nur darin schulen, während der formalen Meditation einen mitfühlenden Geist zu erzeugen, sondern auch während Aktivitäten wie Gehen, Schlafen, Sitzen, Arbeiten und so weiter. Vermag man ein solches Programm durchzuhalten, so wird man guten Gebrauch von den verschiedenen Erfahrungen machen können, die man während der postmeditativen Periode hat, und wird in der Lage sein, die Entwicklung eines mitfühlenden Geistes zu fördern.

Kultiviert man in den postmeditativen Perioden jedoch nicht Gewahrsein und Achtsamkeit und lässt den

Geist umherschweifen, dann wird der Fortschritt der Meditation verlangsamt. Das ist zweifellos ein Mangel, der korrigiert werden muss. Du musst versuchen, den Geschmack oder die Essenz deiner Meditation zu bewahren, während du anderen Aktivitäten nachgehst. Das wird dem Fortschreiten deiner Erkenntnisse während der Sitzungen erheblich von Nutzen sein. Und diese Erkenntnisse werden ihrerseits zu deiner spirituellen Entwicklung während der postmeditativen Periode beitragen. Auf folgende Weise kann man einen Strom verdienstvoller Energie genießen.

Nachdem du nunmehr alle fühlenden Wesen als gleich betrachtet hast, ohne jeglichen Unterschied zwischen ihnen, sollst du über fühlende Wesen meditieren, denen gegenüber du gleichgültig bist. Sobald dein Mitgefühl ihnen gegenüber dasselbe ist wie gegenüber deinen Freunden und Verwandten, meditiere über Mitgefühl für alle fühlenden Wesen in allen zehn Richtungen des Universums.

Meditierst du über Mitgefühl mit besonderer Ausrichtung auf ein fühlendes Wesen, das Leiden erfährt – wie wir es während unserer Meditation über Gleichmut taten –, dann wird deine Meditation über Mitgefühl wirksamer sein. Anfänglich kannst du die intensiven Leiden von Wesen in den unglückseligen Bereichen visualisieren. Man kann auch über Mitgefühl für diejenigen meditieren, die sich schwer wiegenden negativen Handlungen hingeben, welche die drei Faktoren Absicht, Handeln und Vollendung besitzen. Obwohl sie vielleicht im Augenblick kein großes Elend erfahren, häufen sie doch machtvolle Ursachen an, es später zu erfahren. Meditiert man in diesem Sinne, wird es dem Geist sehr behilflich sein, gegenüber jedem einzelnen fühlenden Wesen im Existenzkreislauf mitfühlend zu werden – Wesen, die ja alle unter dem Einfluss Störender Gefühle stehen, Sklaven jener Unwissenheit sind, welche eine irrige Auffassung eines wahren Seins darstellt, und die auf ihr Selbst bezogen sind.

Kamalashīla sagt, alle fühlenden Wesen seien gleich. Das lässt sich auf zweierlei Weise interpretieren: absolut und konventionell. Die Gleichheit aller Wesen auf einer absoluten Ebene umgeht durchaus nicht die Existenz von Freunden und Feinden auf der konventionellen Ebene. Richtet man jedoch die Meditation auf die Unauffindbarkeit von Objekten auf einer absoluten Ebene aus, dann wirkt das Anhaften und Hass entgegen, indem es der fälschlichen Auffassung von einem wahren Sein entgegensteht.

Das sind einige der vielen Techniken, mit denen wir uns schulen, eine gelassene Haltung zu entwickeln. Es ist wichtig, diese Art von Meditationspraxis beizubehalten und das positive Potential des Verdienstvollen anzuhäufen. Schließlich kann unser gewöhnliches Mitgefühl gegenüber leidenden Wesen aufgewertet und in einen gereinigteren Zustand umgewandelt werden. Das Mitgefühl, das wir gegenwärtig empfinden, ist gewöhnlich mit Anhaften vermischt. Doch weist die Präsenz dieses Mitgefühls auch darauf hin, dass wir die Grundlage für echtes Mitgefühl besitzen. Gelegentlich erzeugen wir auch spontanes Mitgefühl gegenüber Fremden, die großen Schmerz erfahren, und fragen uns, was wir tun können, um ihr Leid zu lindern. Das ist ein Ausdruck unseres angeborenen Mitgefühls. Es ist äußerst wichtig, dass wir diese Tatsache erkennen, dieses mitfühlende Denken begrüßen und es dann fördern und fortentwickeln. Besitzt du dieses angeborene Mitgefühl nicht, dann versuche es zu kultivieren und bemühe dich nach Kräften, es zu entwickeln. Ein solches Mitgefühl, wie unbedeutend es im Augenblick auch erscheinen mag, kann sich im Laufe der Zeit ins Unendliche ausweiten.

Nunmehr erläutert der Text das Ausmaß eines derart entwickelten Mitgefühls.

Genauso wie eine Mutter auf ihr kleines, geliebtes und leidendes Kind reagiert – du hast die Übung des Mitgefühls vervollkommnet, wenn du ein spontanes und gleiches Mitgefühl gegenüber allen fühlenden Wesen entwickelst. Und das nennt man das Große Mitgefühl.

In der Tiefe deines Herzens empfindest du große Fürsorge und Betroffenheit gegenüber deinem geliebten Kind, was immer du tust, ob beim Gehen, Sitzen oder Reden. Bist du in der Lage, einen derartigen Geist gegenüber der unermesslichen Zahl fühlender Wesen zu pflegen und zu denken, wie gut es doch wäre, wenn sie alle frei von Leiden wären, und wenn ein solcher Geist automatisch zustande kommt, ohne dass du dabei auf besondere Gründe zurückgreifen musst, dann ist dies ein Hinweis, dass du echtes Großes Mitgefühl kultiviert hast.

Welche Erkenntnisse auch immer du kultivieren willst, du musst zunächst wissen, was das Objekt deiner Aufmerksamkeit ist, und welche Ursachen und Bedingungen du kultivieren musst, um zu solcher Erkenntnis gelangen zu können. Dazu bedarf es einiger Vorbereitungen. Vielleicht brauchst du kein zusätzliches Verständnis mehr zu kultivieren, da du bereits mit einem solchen Prozess von Übungen vertraut bist und einige Erfahrungen gesammelt hast. Durch den Gebrauch von Analyse und Nachforschung solltest du jedoch im Inneren ein starkes Gefühl kultivieren, das deinen Geist wirklich bewegt. Das nennt man tatsächliche Erfahrung, und davon gibt es zwei Arten: bewerkstelligte Erfahrung und unbewerkstelligte Erfahrung. Bewerkstelligte Erfahrung meint jene Gefühle, die im Geist als Ergebnis der Anwendung subtiler Gründe und abhängig von dem entstehen, was in den kanonischen Schriften steht. Betreibt man keine Analyse und keine Nachforschung, so gelangt man nicht zu solcher Erfahrung. Nachdem man eine derartige bewerkstelligte Erfahrung kultiviert hat und wenn man den Prozess ihrer Stärkung und Entwicklung fortsetzt, dann wird die Zeit kommen, zu der in bestimmten Situationen ein starkes Gefühl automatisch im Geist entsteht, ohne dass man dazu auf eine Textstelle oder einen Grund zurückgreifen muss. Das nennt man dann unbewerkstelligte Erfahrung. Erlangt man eine derart unbewerkstelligte Erfahrung von Mitgefühl, dann ist das ein Hinweis darauf, dass man ein wahrhaft Großes Mitgefühl kultiviert hat.

Danach erörtert der Text den Prozess der Meditation über Liebende Güte. Das Maß der Kultivierung von Liebender Güte ist ähnlich dem, in dem man Großes Mitgefühl kultiviert hat. Mitgefühl ist ein Geist, der wünscht, dass fühlende Wesen frei von Leid sein mögen, und Liebende Güte ist ein Geist, der wünscht, dass sie glücklich sein mögen. Liebende Güte ruft Mitgefühl hervor, und Mitgefühl ruft die besondere Einstellung hervor. Die besondere Einstellung meint hier, dass man nicht nur mental denkt, wie gut es wäre, wenn fühlende Wesen frei von Leid wären, sondern dass man freiwillig Verantwortung dafür übernimmt, sich tatsächlich dafür einzusetzen, fühlende Wesen in den Zustand der Befreiung zu versetzen und ihnen zu helfen, ihr Leiden zu überwinden. Und dies ruft dann den Erweckenden Geist des Bodhichitta hervor.

Meditation über Liebende Güte beginnt mit Freunden und Menschen, die man mag. Die Natur dieser Meditation ist der Wunsch, dass diese Menschen glücklich sein mögen. Dehne die Meditation nach und nach auf Fremde und selbst auf deine Feinde aus. Während du dich an Mitgefühl gewöhnst, wirst du nach und nach einen spontanen Wunsch erzeugen, alle fühlenden Wesen

zu befreien. Nachdem du dich also mit Mitgefühl als allgemeine Grundlage vertraut gemacht hast, meditiere über den Erweckenden Geist des Bodhichitta.
Es gibt zwei Arten von Bodhichitta: das konventionelle und das absolute. Konventionelles Bodhichitta ist das Kultivieren des anfänglichen Gedankens, der danach strebt, zum Wohle aller wandernden fühlenden Wesen unübertreffliche und vollkommen verwirklichte Buddhaschaft zu erlangen, nachdem man aus Mitgefühl gelobt hat, sie alle vom Leiden zu befreien. Dieses konventionelle Bodhichitta sollte im Rahmen eines Prozesses kultiviert werden, welcher dem ähnelt, der im Kapitel über moralische Ethik des Bodhisattvabhumi beschrieben wird – also dadurch, dass man diesen Geist erzeugt, indem man das Bodhisattva-Gelübde vor einem Meister ablegt, der nach dem Bodhisattva-Gelübde lebt.

Das Maß deiner Kultivierung des Erweckenden Geistes des Bodhichitta ähnelt dem der Kultivierung von Mitgefühl. Zunächst kultiviert man Bodhichitta als bewerkstelligte Erfahrung, dann kultiviert man den Erweckenden Geist des Bodhichitta als unbewerkstelligte Erfahrung, die der Zustand des wahren Erweckenden Geistes des Bodhichitta ist.

Der bedeutende indische Meister Shāntideva hat gesagt, alle Leiden, die wir in der Welt sehen, entstünden dadurch, dass wir so selbstbezogen seien – weil wir nur nach unserem eigenen persönlichen Glück strebten. Alles Glück, das wir in der Welt sehen, entstünde dadurch, dass wir für das Wohlergehen anderer fühlender Wesen Sorge trügen. Er sagt, es sei nicht nötig, diesen Punkt noch weiter auszuführen. Sieht man sich den Unterschied zwischen dem Zustand des Buddha und dem eines gewöhnlichen Menschen an, dann ist das leicht verständlich. Der Buddha arbeitete für das Wohlergehen anderer fühlender Wesen, erlangte Allwissenheit und besitzt jetzt die Fähigkeit, allen fühlenden Wesen von Nutzen zu sein. Wir gewöhnliche fühlende Wesen haben dagegen unser Bestes versucht, unser persönliches Wohlergehen zu erreichen, haben wegen unserer selbstsüchtigen Haltung aber nicht nur keine Allwissenheit erlangt, sondern befinden uns immer noch im Kreislauf der Existenz. Selbst im Falle des Erreichens des Nirvāna wird das, wenn wir es nur aus Eigennutz angestrebt haben, nur eine einsame Verwirklichung oder Befreiung ohne Allwissenheit sein. Auch das ist auf die selbstsüchtige Einstellung zurückzuführen. Selbst auf einer alltäglichen Basis sind alle guten Eigenschaften in dieser Welt – etwa mentales Wohlgefühl, viele vertraute Freunde und Verwandte zu haben und an einem Ort zu leben, an dem man nicht von anderen getäuscht wird – das Ergebnis der Sorge um das Wohlergehen anderer. Und letztlich ist auch die Möglichkeit, Erleuchtung zu erlangen, auf diesen Geist zurückzuführen.

Mit anderen Worten: Vergleichen wir uns selbst mit dem Buddha und rechnen nach, wie viele Fehler wir haben und wie viele Eigenschaften ein Buddha hat, dann werden wir im Stande sein, die Nachteile der Egozentrik und die Vorteile der Sorge um das Wohlergehen anderer fühlender Wesen zu entdecken. Weil er sich ständig um das Wohlergehen anderer fühlender Wesen kümmerte, erlangte der Buddha Allwissenheit und ist nunmehr die Verkörperung wundervoller Eigenschaften, während wir gewöhnlichen fühlenden Wesen aufgrund unserer selbstsüchtigen Einstellung gewissermaßen die Verkörperung von Mängeln sind.

Der Buddha kultivierte zuerst einen um das Wohlergehen anderer fühlender Wesen besorgten Geist, baute ihn weiter auf und vervollkommnete ihn schließlich. Auf diese Weise verwirklichte er all die wunderbaren Eigenschaften eines Buddha. Daher sollten wir erkennen, dass wir hier und jetzt dieses kostbare menschliche Leben gefunden haben, welches mit hervorragenden Eigenschaften ausgestattet ist, und deshalb die Freiheit besitzen, uns spirituell zu schulen. Bei unserem spirituellen Bemühen ist die tiefstgreifende Übung das Praktizieren von Mitgefühl sowie der altruistische Wunsch, zum Wohle aller fühlenden Wesen Buddhaschaft zu erlangen. Es gibt keine bessere Praxis als diese. Daher sollten wir alle, der Lama eingeschlossen, uns bemühen, in unserem täglichen Leben einen mitfühlenden Geist zu kultivieren.

Würde jeder Einzelne von uns aus der Tiefe seines Herzens einen Geist kultivieren, der den Wunsch hegt, anderen Menschen und anderen fühlenden Wesen von Nutzen zu sein, dann würden wir ein starkes Gefühl von Zuversicht gewinnen, und das würde uns Seelenruhe verschaffen. Haben wir eine solche Ruhe des Geistes erlangt, dann stört es unsere Seelenruhe nicht, auch wenn das gesamte äußere Umfeld sich gegen uns zu wenden scheint und feindselig wird. Ist unser Geist jedoch aufgeregt und verstört und hegen wir böse Absichten gegenüber anderen fühlenden Wesen, obwohl diese keine schädlichen Absichten uns gegenüber haben, dann wird unsere eigene Einstellung dazu führen, dass wir jedermann als grob und negativ uns gegenüber empfinden. Aus diesem Grunde werden wir in ständiger Furcht, Sorge, Angst und Unsicherheit leben. Auch wenn wir wohlhabend sind und über eine Fülle materieller Mittel verfügen, können wir doch nicht in Frieden leben, solange wir in unserem Geist verstört sind. Wir mögen von unseren Verwandten und besten Freunden umgeben sein und dennoch wegen unserer eigenen inneren Geisteshaltung kein Glück empfinden. Daher spielt unsere innere Geisteshaltung eine dominante Rolle. Sind wir innerlich gelassen und beherrscht, dann wird uns nichts durcheinander bringen, selbst wenn alles um uns herum sich feindselig zeigt. Tatsächlich ist das gesamte Umfeld für eine solche Person ein Freund und trägt zu ihrer Seelenruhe bei.

Natürlich gibt es viele Gründe dafür, uns um uns selbst zu kümmern. Wir müssen jedoch wissen, wie wir uns *auf intelligente Weise* um uns selbst und um unsere Interessen kümmern können. Was wir suchen, ist Glück. Doch wenn wir beim Streben nach unserem persönlichen Glück das Wohlergehen anderer fühlender

Wesen unbeachtet lassen und sie nur drangsalieren und täuschen, dann wird das Ergebnis negativ sein. Streben wir wirklich nach Glück, dann müssen wir anerkennen, dass es entsteht, wenn wir uns anderer Menschen annehmen. Deshalb sollten wir das Wohlergehen anderer fühlender Wesen nicht außer Acht lassen.

Selbst wenn wir uns keinen spirituellen oder religiösen Praktiken hingeben, können wir ein friedliches und harmonisches Leben führen, vorausgesetzt, wir begreifen, dass wir in gegenseitiger Abhängigkeit leben. Der Mensch ist ein soziales Wesen und kann nicht daran denken, ein isoliertes Leben ohne Abhängigkeit von anderen Menschen oder anderen fühlenden Wesen zu führen. Was immer man tut: Man ist in allen Lebensbereichen, ob man Bauer oder Geschäftsmann ist, von anderen abhängig. Selbst innerhalb der Familie ist man von den Familienangehörigen abhängig. Daher leben die Menschen normalerweise in Familien und unter Freunden zusammen. Davon gibt es nur sehr wenige Ausnahmen, etwa die meditierenden Yogis, die hoch in den Bergen leben und dort spirituellen Praktiken nachgehen.

Da es eine Realität ist, dass wir soziale Wesen und voneinander abhängig sind, müssen wir Zuneigung und Sorge um andere Menschen kultivieren, wenn wir wirklich nach Frieden und Glück streben. Schaut auf die wilden Tiere und Vögel. Selbst sie reisen gemeinsam, bilden Herden und helfen einander. Bienen haben kein besonderes Rechtssystem, befolgen keine spirituellen Praktiken, aber für ihren Lebensunterhalt und ihr Überleben sind sie voneinander abhängig – das ist ihre natürliche Weise zu leben. Obwohl wir intelligenten menschlichen Wesen uns ebenfalls aufeinander verlassen müssen, missbrauchen wir unsere Intelligenz manchmal und versuchen einander auszubeuten. Das widerspricht der menschlichen Natur. Für diejenigen von uns, die sich zu einer bestimmten religiösen Praxis bekennen, ist es äußerst wichtig, dass wir einander zu helfen versuchen und ein Gefühl der Zuneigung füreinander kultivieren. Das ist die Quelle des Glücks in unserem Leben.

Die fundamentale Lehre Buddhas sagt, wir sollten andere als wichtiger ansehen als uns selbst. Natürlich darf man sich selbst nicht völlig ignorieren. Doch genauso darf man das Wohlergehen anderer Menschen und anderer fühlender Wesen nicht vernachlässigen, besonders wenn es einen Interessenkonflikt zwischen dem eigenen Wohlergehen und dem anderer Menschen gibt. Wenn das der Fall ist, sollte man das Wohlergehen anderer Menschen wichtiger nehmen als das eigene. Vergleiche dich selbst mit den übrigen fühlenden Wesen. Alle anderen fühlenden Wesen sind zahllos, während du nur eine Person bist. Dein Leiden und dein Glück mögen sehr wichtig sein, doch sind das nur das Leiden und das Glück einer Einzelperson, während Leiden und Glück aller anderen fühlenden Wesen unermesslich und zahllos sind. Daher ist es der Weg des Weisen, das eine zum Wohle der vielen zu opfern, und es ist die Art des Narren, die vielen zum Wohle nur eines einzelnen Individuums zu opfern. Selbst aus der Sicht deines persönlichen Wohlergehens musst du einen mitfühlenden Geist kultivieren – er ist die Quelle des Glücks in deinem Leben.

Ungeachtet dessen, ob wir uns zu einer bestimmten Religion bekennen oder nicht – wir müssen warmherzig sein, müssen Mitgefühl kultivieren und werden auf diese Weise in der Lage sein, ein friedliches und sinnvolles Leben zu führen. Wie sollten nun aber Menschen üben, die den Buddhismus und insbesondere den Mahāyāna-Buddhismus praktizieren? Wenn wir davon sprechen, anderen zu helfen, dann sprechen wir nicht nur über vorübergehenden Nutzen und Hilfe, wie etwa Nahrung, Bekleidung, Unterkunft und so weiter. Diese Dinge bringen kein dauerndes Glück. Daher ist es äußerst wichtig, die Möglichkeit zu erkunden, lang anhaltendes und endgültiges Glück zu erreichen. Wir müssen beurteilen, ob es möglich ist, die Leiden mit der Wurzel auszumerzen. Ungeachtet dessen, ob wir im Stande sind, Übungen zu praktizieren oder nicht, sollten wir zumindest den geistigen Mut kultivieren, der gewillt ist, Leiden auszumerzen und einen Zustand völliger Abwesenheit von Leiden zu erreichen. Das wird starke mentale Zuversicht und Entschlossenheit bewirken. Als Ausübende des Mahāyāna sollten wir also denken: »Ich will zahllosen anderen fühlenden Wesen helfen, das Leiden zu überwinden.« Das sollte unsere

Verpflichtung sein. Überprüfst du jedoch deine eigene gegenwärtige Befähigung, dann hast du nicht einmal die Fähigkeit, das Leiden auch nur eines einzigen fühlenden Wesens zu beseitigen – ganz zu schweigen von der Hilfe für zahllose fühlende Wesen.

Leiden entstehen aus spezifischen Ursachen und Bedingungen, die von individuellen fühlenden Wesen angesammelt werden. Da dem so ist, ist es äußerst wichtig für das individuelle fühlende Wesen zu wissen, was praktiziert und was aufgegeben werden muss – was bringt Leiden und was bringt lang anhaltendes Glück. Wir müssen den fühlenden Wesen zeigen, welches der rechte Weg ist, der Glück bringt, und welches der falsche, der Leid verursacht. Wenn wir daher davon sprechen, zum Wohle anderer fühlender Wesen zu wirken, dann tun wir das, indem wir ihnen den Weg zeigen und ihnen helfen zu verstehen, was aufzugeben und was zu praktizieren ist. Das ist die Weise, auf die wir anderen fühlenden Wesen helfen können.

Zu diesem Zweck ist es äußerst wichtig, dass das, was du anderen fühlenden Wesen beibringen willst, dir selbst nicht verborgen bleibt. Du musst den Sinn des Weges kennen, den du anderen fühlenden Wesen zeigen willst. Je fortgeschrittener zum Beispiel ein Studierender in seinen Studien ist, desto mehr braucht er einen Lehrer mit besseren Qualifikationen und größerem Wissen. Um anderen fühlenden Wesen also den rechten Weg weisen zu können, muss man diesen vorher selbst beschritten haben. Allerdings reicht es nicht aus, dass der Weg, den du anderen fühlenden Wesen zeigen willst, dir nicht fremd ist. Du solltest auch wissen, dass das, was du andere fühlende Wesen lehren wirst, ihnen zeitweilig und endgültig helfen wird. Ohne dieses Wissen wird deine Lehre vielleicht nicht der Veranlagung und den Interessen dieser Wesen entsprechen. Es genügt nicht, einfach zu sagen: Ich tue dies mit der richtigen Motivation. Natürlich wird es keinen Anlass zum Bedauern geben, wenn man mit richtigen Motiven handelt; doch garantiert das nicht, dass es anderen fühlenden Wesen wirklich helfen wird. Aus diesem Grund erläutern die Schriften die Notwendigkeit, verschiedene Arten der Hellsichtigkeit zu verwirklichen, damit man im Stande ist, den Geist und die Bedürfnisse anderer fühlender Wesen zu erkennen.

Daher spielen hier zwei Faktoren eine Rolle: Erstens sollten der Weg und die Lehre, die du anderen fühlenden Wesen zeigen oder übermitteln wirst, dir nicht verborgen sein. Und zweitens musst du verstehen, ob diese Lehren zu den Veranlagungen anderer fühlender Wesen passen. Du musst verstehen, welche Veranlagungen fühlende Wesen aus ihren früheren Leben geerbt haben. Falls du nicht selbst ein Buddha wirst und Allwissenheit erlangst, kann sich daher deine Hilfe und Anleitung als von nur vorübergehendem Nutzen erweisen. Kultivieren wir das Streben, anderen fühlenden Wesen zu helfen, so wird das zu einer Ursache für die Kultivierung des zweiten Wunsches, nämlich um aller fühlenden Wesen willen Buddhaschaft zu erlangen.

Dies sind die beiden Ebenen des Erweckenden Geistes des Bodhichitta.

Ein solcher Geist kann nicht in wenigen Monaten oder Jahren kultiviert werden. Das bedeutet jedoch in keinster Weise, dass er überhaupt nicht kultiviert werden kann. Bei fortdauernder Praxis der Kultivierung von Bodhichitta wird die Zeit kommen, zu der das zum Erfolg führt. Zum Beispiel versteht man vielleicht in der Anfangsphase nicht einmal die Bedeutung des Wortes Bodhichitta. Man mag sich fragen, wie man solch einen Geist überhaupt jemals kultivieren kann. Doch durch wiederholte Übungen und Gewöhnung wird man solch einem Geist allmählich näher kommen.

Es liegt in der Natur bedingter Dinge, dass sie sich je nach den Ursachen und Bedingungen wandeln. Daher ist es wichtig, sich an die Vorteile und den Nutzen eines solchen Geistes zu erinnern und eine starke Entschlossenheit zu entwickeln, ihn zu erreichen. Sprich eindringliche Gebete. Ob du schläfst, gehst oder sitzt, immer sollst du denken: »Wie gut wäre es doch, wenn ich einen solchen Geist kultivieren könnte.« Versuche, das Bodhichitta selbst auf einer Ebene des heftigen Verlangens fortzuentwickeln. Verbringst du deine Tage mit solchen wiederholten und anhaltenden Übungen, kannst du es ganz bestimmt entwickeln. Entschließe dich, es zu kultivieren, selbst wenn das viele Äonen in Anspruch nehmen wird. In seinem Werk *Eintritt in das Leben zur Erleuchtung* betet Shāntideva:

So lange der Weltraum besteht
Und so lange fühlende Wesen existieren,
Möge auch ich verweilen,
Um die Leiden aller fühlenden Wesen zu vertreiben.

Wenn du dich in einem Projekt oder einer Tätigkeit engagierst, die anderen fühlenden Wesen helfen, dann gibt es keine Frage zeitlicher Begrenzung. Man muss es kontinuierlich tun. Auf diese Weise solltest du deinen Geist schulen. Wer glaubt, er könne Erleuchtung oder Bodhichitta innerhalb weniger Tage oder Monate erreichen, und wer denkt, er werde Erleuchtung nach einer dreijährigen und dreimonatigen Klausur erlangen, der irrt. Wenn ich die Behauptung höre, man könne Buddhaschaft erlangen, wenn man drei Jahre und drei Monate in Klausur geht, dann sage ich gelegentlich zum Scherz, das sei genauso wie kommunistische Propaganda. Ich sage meinen westlichen Freunden, dass der Wunsch, den profundesten und den schnellsten Weg zu praktizieren, ein klares Zeichen dafür ist, dass man keinen Erfolg haben wird. Wie kann man das Profundeste und das Grenzenlose auf dem kürzesten Weg erreichen? Die Geschichte des Buddha sagt, er habe Buddhaschaft nach drei zahllosen Äonen erreicht. Wenn also jemand die Erwartung hegt, er könne Buddhaschaft innerhalb einer so kurzen Zeit wie drei Jahre und drei Monaten erlangen, dann ist dies ein klarer Hinweis darauf, dass er keinen echten Fortschritt machen wird. Wir müssen praktisch sein. Es hat keinen

Sinn, andere mit eurem unvollständigen Wissen zum Narren zu halten.

Man sollte sich auch klar machen, dass es der Zweck ist, anderen fühlenden Wesen zu helfen, ob man nun Buddhaschaft erlangt oder nicht. Ob du dich in der Hölle oder im Himmel befindest – dein Ziel ist es, anderen fühlenden Wesen zu helfen. Dabei spielt es keine Rolle, wie lange das dauert. Du sollst den festen Entschluss fassen, dass die altruistische Absicht, Buddhaschaft zum Wohle aller fühlender Wesen zu erlangen, deine einzige Praxis sein wird, ob im Leben oder im Tode. Du musst dich darin schulen, einen solchen Geist zu kultivieren, und musst den Aspekt und das Objekt eines solchen Geistes verstehen. Hast du erst einmal durch Schlussfolgerung eine Erfahrung eines solchen Geistes erlangt, solltest du das Bodhisattva-Gelübde empfangen, denn dieses Gelübde sollte abgelegt werden, nachdem du ein starkes Verlangen kultiviert hast, dich der guten Taten eines Bodhisattva zu befleißigen.

Welches ist die Lebensweise eines Bodhisattva? Es ist die Lebensart, die sich ganz natürlich ergibt, wenn man den Erweckenden Geist des Bodhichitta kultiviert hat. Allwissenheit erlangt man nur durch den Prozess der Säuberung der Störenden Gefühle in deinem Geist. Sie kann nicht einfach durch Wünsche und Gebete erreicht werden. Wir müssen uns darin schulen, alle die spezifischen Störenden Gefühle durch spezifische Gegenmittel zu eliminieren. Alle Aktivitäten eines Bodhisattva lassen sich in zwei Hauptkategorien zusammenfassen: das Praktizieren Geschickter Mittel und das Praktizieren von Weisheit. Will man die Praktiken des Gebens, der Ethik und so fort vervollkommnen, dann sollte man sie durch die Praxis der Weisheit stützen und beeinflussen. Ohne das Praktizieren von Weisheit können die ersten fünf der Sechs Vollkommenheiten nicht wirklich zur Übung von Vollkommenheiten werden: Wer eine solche Weisheit kultivieren will, der muss zunächst die echte irrtumsfreie philosophische Sicht kultivieren, die als die Sicht des Mittleren Weges oder Madhyamaka bekannt ist.

Was ist die Sicht des Madhyamaka? Innerhalb der buddhistischen Überlieferung gibt es vier Schulen philosophischer Grundsätze: Beruhend auf einer Erläuterung der ersten drei Systeme buddhistischer Grundsätze kann man die Bedeutung der Selbst-Losigkeit auf einer gröberen Ebene verstehen. Und das wird schließlich zur subtilen Sicht des Mittleren Weges von der Selbst-Losigkeit von Personen und Phänomenen führen, die auf einer Interpretation des Entstehens in wechselseitiger Abhängigkeit (kurz: Abhängiges Entstehen) beruht. Hat man einmal eine solche irrtumsfreie korrekte Sicht etabliert und ist von ihr überzeugt, so wird man fähig sein, die Leere zu erkennen. Doch selbst wenn du die die Leere erkennende Weisheit verstanden hast, wird das allein nicht zu einem kraftvollen Gegenmittel zur Unwissenheit werden, wenn es nicht durch andere Praktiken gestützt wird, als da sind Geben, Ethik, Geduld und so weiter. Bloßes Verstehen der

Selbst-Losigkeit reicht nicht aus, um die Störenden Gefühle zu besiegen.

Daher ist es wichtig, eine Praxis zu kultivieren, die einen ruhig verweilenden Geist mit Spezieller Einsicht vereinigt. Um Spezielle Einsicht zu entwickeln, muss man zunächst einen ruhig verweilenden Geist entwickeln. Ruhiges Verweilen ist eine einspitzige Meditation, während Spezielle Einsicht sich auf unterscheidendes Gewahrsein bezieht. Durch die Vereinigung beider wirst du im Stande sein, Methode und Weisheit erfolgreich zu praktizieren.

Nachdem du den Konventionellen Erweckenden Geist des Bodhichitta erzeugt hast, sollst du dich bemühen, den Absoluten Erweckenden Geist des Bodhichitta zu kultivieren. Das Absolute Bodhichitta ist überweltlich und frei von Hinzufügungen. Es ist äußerst klar, Objekt des Absoluten, makellos, unerschütterlich, wie die Flamme einer vom Wind unberührten Butterlampe.

Wie schon an anderer Stelle erwähnt, bezieht Konventionelles Bodhichitta sich auf das ein Ziel anstrebende Bodhichitta: Was aber ist Absolutes Bodhichitta? Was ist transzendent und was ist weltlich? Dafür gibt es verschiedene Erklärungen. Alle spezifischen Ebenen eines gewöhnlichen Wesens bezeichnet man als weltlich, und all die spirituellen Ebenen eines höheren Wesens oder Ārya bezeichnet man als transzendent oder überweltlich. Man erreicht die transzendente Ebene erst dann, wenn man den Pfad des Sehens erreicht. Das heißt, dass man die Leere unmittelbar *erfahren* hat; es ist ja auch möglich, die Leere nur zu *verstehen*, bevor man den Pfad des Sehens erreicht hat.

Der vorliegende Text »Die Stufen der Meditation« gehört zur Sautrāntika-Mādhyamika-Schule (Schule der Sūtra-Anhänger des Mittleren Weges). Wenn ich hier also die ausdrücklich im Text genannten Punkte erkläre, dann werde ich es entsprechend dem Sautrāntika-Mādhyamika-System tun. In den darüber hinausgehenden Erläuterungen beziehe ich mich jedoch auf die Prāsangika-Mādhyamika-Überlieferung (Madhyamaka-Überlieferung »derer, die Folgerungen benutzen«).[2]

Unter den Praktizierenden, die als Hörer oder Alleinverwirklichende bekannt sind, gibt es Āryas oder höhere Wesen, die die Leere erkennen. Doch erkennt ein Ārya auf dem Bodhisattva-Pfad die Leere unmittelbar mit Hilfe der profunden Praxis der Methode. Eine solche, die Leere unmittelbar erkennende Weisheit wirkt als Widersacher spezifischer Störender Gefühle. Sprechen wir von den Vier Edlen Wahrheiten, dann bezieht sich der wahre Weg tatsächlich auf die die Leere erken-

2 Beim Gebrauch der Begriffe »Madhyamaka« und »Mādhyamika« herrscht einige Verwirrung; deshalb sei er hier kurz erläutert: »Madhyamaka« ist der »Mittlere Weg«; »Mādhyamika« sind die »Anhänger (der Lehre) des Mittleren Weges«. Man kann, was zur Vermengung der beiden Begriffe geführt hat, deshalb von der Madhyamaka-Lehre, der »Lehre vom Mittleren Weg« und von der Mādhyamika-Lehre, der »Lehre der Anhänger des Mittleren Weges« sprechen. (Anm. d. Übers.)

nende Weisheit, die man im mentalen Kontinuum eines höheren Wesens oder Ārya findet. Dieses Absolute Bodhichitta gilt auch als frei von Hinzufügungen, vor allem im Kontext der verschiedenen Kategorien der Leere wie etwa den Sechzehn Arten der Leere, den Zwanzig Arten der Leere, den Zwei Arten der Leere und so fort.

Obwohl es so viele Kategorien der Leere gibt wie Arten von Phänomenen, gilt Folgendes: Erkennt man die Leere eines spezifischen Phänomens, dann erkennt man auch die Leere aller Phänomene: Die endgültige Natur oder Leere aller Phänomene ist von *einem* Geschmack und derselben undifferenzierbaren Natur. Auch wenn die Natur der Leere aller Phänomene dieselbe ist und all die verschiedenen Aspekte der Phänomene – ob sie gut oder schlecht sind oder auf welche Weise sie sich ändern – aus der Sphäre der Leere entstehen, sollte man verstehen, dass die Leere nicht getrennt von Subjekt oder Objekt anzutreffen ist.

Leere bezieht sich auf das Freisein eines Objekts von ihm innewohnender Existenz. Dinge hängen von Ursachen und Bedingungen ab. Die Tatsache dieser Abhängigkeit von Ursachen und Bedingungen bedeutet, dass den Phänomenen eine unabhängige oder innewohnende Existenz mangelt. Sie zeigt auch auf, wie all die verschiedenen Aspekte der Dinge, die wir erfahren, dadurch entstehen, dass sie von Natur aus leer sind.

Sprechen wir von der Leere, dann befassen wir uns allerdings nicht mit jenen verschiedenen Aspekten, sondern mit der absoluten Wirklichkeit des Phänomens. Dies ist die Perspektive, aus der man den Zustand der Leere als frei von Hinzufügungen bezeichnet. Es wird auch erläutert, dass Leere nicht verunreinigt ist, wie dies der Vers der Huldigung in Nāgārjunas »Grundlegende Weisheit« klar macht:

Ich huldige jenem sublimen Wesen
Unter den Buddhas, dem Verkünder der Lehre,
Der lehrte, dass die Dinge in Abhängigkeit entstehen
Und dass es weder Verlöschen noch Geburt gibt,
Weder Vernichtung noch Dauer,
Kein Kommen und kein Gehen,
Keinen abgetrennten Sinn und keine Gleichheit,
Völlig frei von Hinzufügungen und vollkommen in Frieden.

Leere und Abhängiges Entstehen sind zwei Seiten derselben Medaille. Aus der Perspektive des Abhängigen Entstehens, der konventionellen Perspektive, können Dinge erzeugt werden und hören Dinge auf zu bestehen. Der von mir zitierte Vers aus »Grundlegende Weisheit« bedeutet, dass Dinge weder erzeugt werden noch zu bestehen aufhören, dass sie weder vernichtet werden noch auf irgendeine unabhängige Weise von Dauer sind. Auch nach zeitlichen Begriffen gibt es weder eine unabhängige Vernichtung noch Dauer. Vom Standpunkt des Objekts gibt es kein unabhängiges Kommen und Gehen. Nāgārjuna beschrieb acht Kategorien der Hinzufügung, zum Beispiel Erzeugung und Auslöschung, und wie sie nicht unabhängig auftreten können. Man sagt, dass die Āryas oder Höheren Wesen, deren unmittelbare Wahrnehmung der Weisheit nicht verunreinigt ist, die unabhängige Existenz der Erzeugung und Auslöschung abhängig entstehender Phänomene nicht gesehen haben. Ihr Geist sieht nur die absolute Wahrheit, die Leere, die frei ist von jeglicher Hinzufügung.

Die absolute Wirklichkeit oder das Absolute Bodhichitta wird als äußerst klar beschrieben. Man bezeichnet sie als »absolut«, weil sie Gegenstand des Einsatzes absoluter Weisheit ist. Man bezeichnet sie auch als makellos und unerschütterlich. Mit anderen Worten: Die Weisheit eines in Meditation versunkenen höheren Wesens ist eine Kombination eines ruhig verweilenden Geistes mit Spezieller Einsicht. Eine solche Kombination erreicht man, indem man zunächst das Ruhige Verweilen kultiviert. Sobald man Stabilität hinsichtlich des Objekts der Untersuchung erlangt hat, kann man sein Begreifen darauf ausrichten, ohne durch die mentale Schlaffheit und Erregung des begrifflichen Denkens behindert zu werden. Eine solche Weisheit gilt als unerschütterlich und kann mit der Flamme einer durch keinen Luftzug gestörten Butterlampe verglichen werden.

Das Absolute Bodhichitta ist transzendent und frei von jeglicher Hinzufügung. Wie man es erlangt, wird in den folgenden Zeilen beschrieben:

Dies wird erreicht durch konstante und respektvolle Vertrautheit mit dem Yoga der Meditation des Ruhigen Verweilens und mit Spezieller Einsicht über einen längeren Zeitraum hinweg. Das »Sūtra über das Entwirren der Gedanken« sagt: »O Maitreya, du musst wissen, dass alle die tugendhaften Dharmas der Hörer, Bodhisattvas oder Tathāgatas, ob weltlich oder transzendent, die Frucht der Meditation des Ruhigen Verweilens und Spezieller Einsicht sind.« Da alle Arten der Konzentration in diese beiden einbezogen werden können, müssen alle Yogis zu jeder Zeit nach der Meditation des Ruhigen Verweilens und Spezieller Einsicht streben. Im »Sūtra über das Entwirren der Gedanken« heißt es auch: »Der Buddha hat gesagt, man müsse wissen, dass die Lehren der verschiedenen Arten der von meinen Hörern, Bodhisattvas und Tathāgatas erstrebten Konzentration alle in der Meditation des Ruhigen Verweilens und Spezieller Einsicht enthalten sind.«

Ein ruhig verweilender Geist bezieht sich auf einen Geisteszustand, in dem der Geist beim Objekt deiner Wahl verweilt und nicht auf andere äußere Objekte als das Objekt deiner geistigen Sammlung und deiner Meditation gelenkt wird. Dein Geist bleibt stabil auf das Objekt gesammelt und ist frei von Schlaffheit und Erregung. Einen solchen Geist bezeichnet man auch als einspitzige Sammlung, und durch seine Stabilität bist du in der Lage, mentale Seligkeit zu erlangen. Spezielle Einsicht bezieht sich darauf, dass man spezielle Einsicht in die absolute Wirklichkeit gewinnt oder in das Objekt, auf das dein Geist gesammelt ist. Es gibt zwei

Kategorien Spezieller Einsicht: weltliche und überweltliche. Je nach unterschiedlichen Kategorien Spezieller Einsicht könnte es verschiedene Objekte geben. Hier jedoch bezieht Spezielle Einsicht sich auf den Geist, der sich auf Leere sammelt.

Buddha Shākyamuni lehrte diese beiden Praktiken, Ruhiges Verweilen und Spezielle Einsicht, und sie sind die einzige Methode, durch die man alle Ebenen der Sammlung verwirklichen kann. Daher heißt es im Text, man solle beide Eigenschaften kultivieren, da Ruhiges Verweilen und Spezielle Einsicht von gleicher Wichtigkeit seien:

Yogis können geistige Verdunkelungen nicht allein dadurch beseitigen, dass sie sich mit der Meditation des Ruhigen Verweilens vertraut machen. Das wird die Störenden Gefühle und Täuschungen nur vorübergehend unterdrücken. Ohne das Licht der Weisheit kann das latente Potential der Störenden Gefühle nicht gründlich zerstört werden, weshalb ihre vollständige Ausrottung nicht möglich sein wird. Aus diesem Grunde heißt es im »Sūtra über das Entwirren der Gedanken«: »Sammlung kann die Störenden Gefühle richtig unterdrücken, und Weisheit kann ihr latentes Potential ganz und gar zerstören.«

Die Meditation des Ruhigen Verweilens allein wird dich nicht in die Lage versetzen, Verdunkelungen der Erleuchtung und die Störenden Gefühle zu beseitigen. Selbst wenn du Ruhiges Verweilen bei der Leere erreichst, genügt das allein nicht, um die Verdunkelungen zu beseitigen, wenn das nicht durch das Praktizieren Spezieller Einsicht unterstützt wird.

Das »Sūtra über das Entwirren der Gedanken« sagt auch:
Selbst wenn du mit einspitziger Konzentration meditierst,
Wirst du die fälschliche Auffassung vom Selbst nicht zerstören,
Und deine Störenden Gefühle werden dich erneut verstören.
Das ist wie die einspitzige Meditation des Udrak.

Die Meditation des Ruhigen Verweilens allein wird die quälenden Emotionen nicht beseitigen und die fälschliche Auffassung vom Selbst nicht zerstören können. Störende Gefühle werden unweigerlich erneut auftauchen und dich wiederum beeinträchtigen, so wie es im Falle des nichtbuddhistischen Meisters Udrak geschah. Er blieb lange Zeit in der Meditation des Ruhigen Verweilens, sodass seine Haare in diesem Zeitraum sehr lang wuchsen. Während er vollständig in die einspitzige Konzentration versunken war, wurden einige seiner Haare von hungrigen Ratten angefressen. Als er sich aus seiner Meditation erhob und sah, dass Ratten seine Haare angefressen hatten, wurde er wütend – und so kehrten seine Störenden Gefühle zurück. Auch wenn die Störenden Gefühle nicht auftauchten, während er in einspitzige Meditation versunken war, zeigt die Tatsache, dass sie zurückkehrten, nachdem er sich aus seiner Meditation erhob, eindeutig, dass die Meditation des Ruhigen Verweilens allein die Störenden Gefühle nicht beendet.

Wird die Selbst-Losigkeit von Phänomenen spezifisch untersucht,
Und werden auf der Basis jener Analyse Meditationen ausgeübt,
Dann ist dies die Ursache der darauf folgenden Befreiung.
Keine andere Ursache kann Frieden bringen.

Spezifisches Untersuchen der Selbst-Losigkeit von Phänomenen bedeutet also, dass wir durch Anwendung Spezieller Einsicht oder unterscheidenden Gewahrseins befreit werden können. Keine andere Technik vermag uns zur Befreiung oder dem Nirvāna zu verhelfen.

In der »Bodhisattva-Abteilung« heißt es auch: »Diejenigen, die diese verschiedenen Lehren der Bodhisattva-Sammlung nicht gehört haben und auch nicht die praktischen Lehren über monastische Disziplin und die meinen, einspitzige Sammlung allein sei genug – sie werden aufgrund ihres Stolzes in die Grube der Arroganz fallen. Dementsprechend können sie nicht vollständige Befreiung erlangen von Wiedergeburt, Alter, Krankheit, Tod, Elend, Jammern, Leiden, mentalem Unglücksgefühl sowie Störungen aller Art. Sie erlangen weder vollständige Befreiung vom Kreislauf der sechs Bereiche der Existenz noch von den Anhäufungen des Erleidens mentaler und physischer Aggregate. Im Bewusstsein dessen hat der Tathāgata gesagt, das Hören der Lehren werde dir helfen, Befreiung von Alter und Tod zu erlangen.«

Daher solltest du den Erläuterungen der Bedeutung der Soheit aufmerksam lauschen und dann darüber meditieren; das wird dir helfen, Befreiung vom Leiden zu erlangen.

Aus diesen Gründen sollten alle, die gründlich gereinigte transzendente Weisheit durch Beseitigung aller Trübungen erreichen wollen, in der Meditation des Ruhigen Verweilens über Weisheit meditieren.

6. Kapitel
Weisheit

Nach buddhistischer Tradition wird die Gültigkeit einer philosophischen Lehre durch logische Beweisführung erwiesen. Der Buddha hat eindeutig erklärt:

Bhikshus und Gelehrte sollten meine Worte prüfen,
Wie ein Goldschmied Gold durch Erhitzen, Schneiden und Reiben prüft.
Nur dann sollten meine Worte akzeptiert werden,
Nicht aus Respekt vor mir.

Daher müssen wir uns im Prozess des Erweisens äußerer und innerer Phänomene auf Beweisführung verlassen. Es besteht keine Notwendigkeit, sich allein auf die Autorität der kanonischen Schriften zu verlassen. Was in solchen Texten gelehrt wird, kann im Licht der Vernunft analysiert werden, und die Gültigkeit ihrer Inhalte kann erwiesen werden. Auch die Worte des Buddha stehen der Prüfung offen. Eines der großartigsten Merkmale der buddhistischen Kultur ist, dass der Praktizierende das Recht hat, die Lehren zu prüfen. Auch die Worte des Lehrers können geprüft werden.

Die buddhistische Annäherung an das Wissen ähnelt der der modernen Naturwissenschaft. Am Anfang sollte man keine endgültige Feststellung über ein umstrittenes Thema treffen, sondern es unparteiisch prüfen. Das Ergebnis sollte durch Analyse erzielt werden, durch Prüfung des Beweismaterials mit dem Verstand. Ganz allgemein empfindet der Buddhismus große Achtung vor logischer Beweisführung.

Es ist wichtig, die Grundlage, den Pfad und die Frucht zu erweisen. Grundlage bezieht sich hier auf die Tatsache oder die Realität von Phänomenen. Wir folgen einem spirituellen Pfad auf der Grundlage dieses Faktums und erzielen so ein Resultat. Spirituelle Übung ist keine bloße Erfindung des Geistes, sondern etwas, das tatsächlich existiert. Wäre die Grundlage der spirituellen Übung ein bloßes Produkt der Einbildung, dann hätte sie nicht das Potential, unseren Geist durch die Praxis des Pfades zu verändern und umzugestalten. Dann könnten auch Befreiung und so weiter nicht als eine Frucht erklärt werden.

Der resultierende Zustand eines Buddha ist mit vielen großartigen Eigenschaften ausgestattet. Diese Eigenschaften werden hervorgebracht, indem man die geeigneten Ursachen und Bedingungen kultiviert und sich der Praxis des spirituellen Pfades widmet. Im Verlaufe dessen werden die Zehn Kräfte und anderen Eigenschaften eines Buddha entwickelt, weil der einzelne Mensch das Potential besitzt, solche Eigenschaften hervorzubringen. Ganz allgemein gesagt, kann nichts ohne eine Basis oder Grundlage erzeugt werden. Es wäre absurd zu behaupten, Allwissenheit lasse sich aus Felsen und Gebirgen herstellen. Logischer ist die Feststellung, dass Allwissenheit durch Einschlagen des Pfades der Kombination von Geschickten Mitteln mit Weisheit auf der Grundlage von Bewusstsein hergestellt werden kann.

Das Erweisen der Grundlage ist ein ganz entscheidender Schritt. Er unterscheidet das wirklich Existierende von rein mentaler Fabrikation. Das bezieht sich auf die richtige Identifizierung der Gesetze der Natur und der Wirklichkeit. Um die wahre Natur der Grundlage erweisen zu können, ist es daher wichtig, objektiv zu sein.

Es gibt unterschiedliche Interpretationen der in den kanonischen Schriften enthaltenen Lehren Buddhas durch seine Anhänger. Kann eine in den Schriften enthaltene Lehre logischer Analyse nicht standhalten, dann wird ihre Bedeutung im Kontext von drei Kriterien interpretiert: Absicht, Zweck und Widerspruch. Befasst ein Sūtra sich beispielsweise mit der absoluten Wirklichkeit und erweist sich die offenkundige Bedeutung bei einer Analyse als fehlerhaft, dann wird es nach der Absicht und Zielsetzung interpretiert, mit der es gelehrt wurde. Desgleichen, wenn jene Aspekte der Selbst-Losigkeit, die verborgen sind, bei einer Untersuchung durch schlussfolgernde Logik als fehlerhaft erkannt werden, müssen sie nicht akzeptiert werden.

Heutzutage wissen wir zum Beispiel sehr viel mehr als früher über Sonne und Mond sowie ihren Umfang, ihre Entfernung von der Erde und ihre Bewegungen. Wenn nun ein zu den kanonischen Schriften gehörender Text diese heute offenkundigen Dinge auf eine Weise beschreibt, die unserer direkten gültigen Wahrnehmung widerspricht, dann akzeptieren wir diese Beschreibung nicht länger als wahr. Ganz allgemein haben der Buddhismus und die Naturwissenschaft gegenüber derartigen Dingen eine ähnliche Haltung.

Buddhistische Lehren werden im Rahmen der Begriffe von spiritueller Grundlage, spirituellem Pfad und spiritueller Frucht dargestellt. Die Frucht betrifft die vielen großartigen Eigenschaften, die ein Praktizierender manifestiert, wenn er oder sie Buddhaschaft erlangt. Um diese Eigenschaften zu erlangen, muss man die rechten Ursachen und Bedingungen erfüllen. Das beinhaltet eine integrierte spirituelle Praxis. Es ist wichtig zu wissen, dass jeder Einzelne von uns das Potential besitzt, die Zehn Kräfte und andere wunderbare Eigenschaften der Buddhaschaft zu entwickeln. Dieses Potential ist dem Kontinuum unseres Bewusstseins innewohnend. Allgemein gesagt kann nichts ohne eine entsprechende Basis oder Grundlage geschaffen werden. Ebenso wie es absurd wäre festzustellen, dass Felsen und Berge durch spirituelle Übungen Allwissenheit erlangen können, steht fest, dass diejenigen, die ein Bewusstsein haben, Allwissenheit erreichen können.

Die spirituelle Grundlage bezieht sich in diesem Fall auf die innewohnende Natur des Geistes, der über das Potential verfügt, zum Zustand voller Erleuchtung zu erwachen. Der spirituelle Pfad besteht aus Aspekten von Methode und Weisheit, was bedeutet, dass ein Praktizierender Verdienste und Erkenntnisse anhäuft und auf diese Weise zur Buddhaschaft hin transzendiert. Es ist von entscheidender Bedeutung, diese fundamentalen Grundsätze der buddhistischen Philosophie zu verstehen; sie sind keine Produkte der Einbildung von irgendjemandem, sondern entsprechen der Wirklichkeit. Wären sie bloß eingebildete Dinge, dann würde man auf dem Pfad keinen Fortschritt erzielen, wie sehr man sich auch bemüht. Man würde keine Frucht erhalten und nicht in der Lage sein zu erklären, wie Befreiung zu erlangen ist. Bei der Prüfung dieser fundamentalen Prinzipien sollte man aufgeschlossen und unparteiisch sein. Hat man vorgefasste, von anderen Weltanschauungen beeinflusste Meinungen, wird es einem schwer fallen, diese Prinzipien objektiv zu bewerten.

Wir sollten Fragen prüfen und analysieren und die Ergebnisse akzeptieren, die logisch sind. Es kann Angelegenheiten geben, für die die buddhistische Überlieferung eine Erklärung hat, welche die Naturwissenschaft noch nicht entdeckt hat und über die sie daher nichts aussagen kann. Wenn wir uns jedoch mit wissenschaftlich bewiesenen Fakten beschäftigen, sollten wir nicht dogmatisch an dem festhalten, was in unseren Texten steht. Wie schon gesagt, behandelt dieser Text vor allem die beiden Wahrheiten als Grundlage, die Praxis von Methode und Weisheit als spirituellen Pfad sowie das Erlangen der Weisheit und des physischen Körpers eines erleuchteten Wesens als Frucht.

Wer die transzendente Weisheit erlangen will, die von allen Verdunkelungen frei ist, sollte über Weisheit meditieren, während er in einspitziger Sammlung verweilt.

Das »Juwelenhaufen-Sūtra« sagt: »Einspitzige Sammlung wird erreicht, indem man sich an moralische Ethik hält. Ist einspitzige Sammlung erreicht, meditiert man über Weisheit. Weisheit hilft uns, ein reines, unverfälschtes Gewahrsein zu erlangen. Durch reines unverfälschtes Gewahrsein wird dein moralisches Verhalten vervollkommnet.«

Um sowohl die Ziele der anderen als auch unsere eigenen erreichen zu können, sollten wir alle Verdunkelungen beseitigen. Wer auf diese Weise transzendente Weisheit verwirklichen will, sollte zu Beginn die Meditation des Ruhigen Verweilens üben. Ein Praktizierender, der die Fähigkeit besitzt, Phänomene mit der die Soheit erkennenden Weisheit zu analysieren, während er die Meditation des Ruhigen Verweilens übt, kann Spezielle Einsicht erzeugen.

Was nun die Praxis angeht, werden die drei Schulungen in ganz bestimmter Reihenfolge präsentiert. Dazu möchte ich Folgendes ausführen. Der Text sagt: »Weisheit hilft dir, ein reines, unverfälschtes Gewahrsein zu erlangen.« Eine vollkommen transzendente [überweltliche] Weisheit vermag die Verdunkelungen zusammen mit ihren Samen zu beseitigen. Eine die konventionelle Wahrheit erkennende Weisheit besitzt diese Fähigkeit nicht, so mächtig sie auch sein mag. Daher können wir schlussfolgern, dass es, um dies zu erreichen, einer Weisheit bedarf, welche die absolute Wahrheit erkennt. In diesem Kontext ist mit »vollkommen transzendente Weisheit« Allwissenheit gemeint. Damit wir Allwissenheit erlangen können, müssen Verdunkelungen der Befreiung oder Störende Gefühle sowie Verdunkelungen des Wissens beseitigt werden. Allein die Weisheit ist der unmittelbare Opponent, der uns befähigt, die beiden Verdunkelungen und ihre Samen oder latenten Potentiale auszumerzen. Weder ethische Disziplin noch einspitzige Sammlung können ihnen unmittelbar entgegenwirken. Die hier gemeinte Weisheit bezieht sich auf eine Weisheit, die aus der Meditation entsteht, nicht auf jene, die aus Zuhören und Kontemplation abgeleitet wird. Um daher jene Spezielle Einsicht zu aktualisieren, welche die absolute Wirklichkeit erkennt, muss man zuerst die Meditation des Ruhigen Verweilens gut beherrschen. Da diese einspitzige Sammlung ein positiver Gedanke ist, müssen subtile mentale Dumpfheit und Erregung aufgegeben werden. Um diese Fehler aufgeben zu können, muss man sich zunächst in Praktiken ethischer Disziplin schulen.

Die »Meditation über das Vertrauen in das Mahāyāna-Sūtra« sagt: »O du Kind edler Familie, wenn du dich nicht an die Weisheit hältst, vermag ich nicht zu sagen, wie du Vertrauen in das Mahāyāna der Bodhisattvas haben oder wie du in das Mahāyāna eintreten kannst.«

Das bezieht sich auf das Erzeugen von Vertrauen[3] oder die Überzeugung, die sich aus dem Wissen ergibt. Solange das »Kind edler Familie«, also ein Praktizierender, nicht im Stande ist, die Weisheit Spezieller Einsicht zu entwickeln, ist das Erzeugen eines auf Wissen beruhenden Vertrauens nicht möglich. Natürlich kann jemand einen frommen Glauben haben. Entwickelt er oder sie jedoch Vertrauen als Ergebnis des Begreifens der absoluten Wirklichkeit, dann wird dieses durch Vernunft und Wissen gestützt. So kann zum Beispiel echte Entsagung entwickelt werden, wenn das System der Befreiung richtig verstanden wird. Ein Mensch erlangt

3 »Vertrauen« ist in diesem Zusammenhang eine Übersetzung des englischen Wortes »faith«, das sowohl »Glaube« als auch »Vertrauen« bedeutet. Da für den modernen Menschen des Westens »Glaube« eher eine Sache des »naiven« Für-wahr-Haltens ist, der Glaube im Buddhismus aber eher eine durch schlussfolgerndes Erkennen gewonnene Überzeugung ist, wurde hier die Übersetzung »Vertrauen« gewählt, wobei der Leser die Bedeutung »Glaube« im Hinterkopf haben sollte. (Anm. d. Übers.)

Gewissheit, dass Befreiung im Allgemeinen möglich ist und dass dies etwas ist, was innerhalb unseres Bewusstseinsstroms entwickelt werden kann. Ein solches Gefühl der Entsagung hat zweifellos ganz bezeichnende Eigenschaften. Desgleichen verbessert sich die Stärke unserer Zufluchtnahme, während wir unser Wissen um die Leere verfeinern.

»O du Kind edler Familie, du solltest wissen, dass dies so ist, weil das Vertrauen der Bodhisattvas in das Mahāyāna und das Eintreten in das Mahāyāna zustande kommt als Ergebnis der Kontemplation über den vollkommenen Dharma und die Wirklichkeit mit einem von Ablenkung freien Geist.«

Das weist eindeutig auf die Notwendigkeit hin, eine Weisheit zu entwickeln, die einspitzig die konventionelle und absolute Wirklichkeit prüft, um den Praktizierenden in die Lage zu versetzen, feste Überzeugung und festes Vertrauen in die spirituelle Grundlage, den Pfad und die Frucht zu erlangen, wie sie im Mahāyāna-System gelehrt werden.

Der Geist eines Yogi wird auf verschiedene Objekte abgelenkt, wenn er nur Spezielle Einsichten kultiviert, ohne einen ruhig verweilenden Geist zu entwickeln. Er wird instabil sein wie eine Butterlampe im Wind. Da die Klarheit unverfälschten Gewahrseins nicht vorhanden sein wird, sollten diese beiden [Spezielle Einsicht und ein ruhig verweilender Geist] gleichermaßen kultiviert werden. Deshalb heißt es im »Sūtra der Großen und Vollständigen

Transzendenz des Leidens«: »Hörer können die Buddha-Natur nicht sehen, weil ihre einspitzige Versenkung stärker und ihre Weisheit schwächer ist.«

Wird dies in Begriffen der philosophischen Systeme interpretiert, die behaupten, dass Anhänger des Weges der Hörer und Alleinverwirklicher die Selbst-Losigkeit von Phänomenen oder Leere nicht erkennen, dann sagt man, dass sie die Buddha-Natur nicht mit einer die Wirklichkeit analysierenden Weisheit sehen. Sie erkennen nur die Selbst-Losigkeit von Personen, nicht aber die von Phänomenen. Das ist so, weil ihre Sammlung stärker ist als ihre Weisheit.

Interpretiert man dies in Begriffen der Āryas oder erhabenen Wesen unter den Hörern und Alleinverwirklichern, die beim Erkennen der Leere wie Mahāyāna-Āryas sind, dann bedeutet die Behauptung, Hörer seien nicht fähig, die Buddha-Natur zu sehen, dass ihre Erkenntnis der Natur des verunreinigten Geistes nicht auf der Anwendung einer breiten Vielfalt von Logik und Vernunftgründen beruht. Das ist so, weil ihre einspitzige Sammlung stark und ihre Weisheit schwach ist.

Bodhisattvas können sie sehen, jedoch nicht klar, weil ihre Weisheit stärker und ihre einspitzige Sammlung schwächer ist. Dagegen können Tathāgatas alles sehen, weil sie einen ruhig verweilenden Geist und in gleichem Maße Spezielle Einsicht besitzen.«

Das ist ein schwieriger Punkt, nicht wahr? Doch können wir ein paar Interpretationen liefern. Zunächst meine ich, dass der Autor hier Folgendes sagen wollte: Obwohl Bodhisattvas eine unmittelbare Auffassung von Soheit haben, begreifen sie Soheit nur während meditativer Versenkung unmittelbar und nicht während der postmeditativen Periode. Für Buddhas jedoch ist die Erkenntnis von Soheit total und umfassend. Daher begreifen sie die Soheit jederzeit, ganz gleich ob sie meditieren oder nicht.

Zweitens könnte dieser Vers meinen, dass Bodhisattvas zwar die Soheit des Geistes unmittelbar begreifen, sie diese aber nicht klar begreifen. Das liegt an der latenten Wirksamkeit mentaler Verunreinigungen, die sie noch ausschalten müssen. Andererseits sind Buddhas vollständig und gründlich frei von der kleinsten Verblendung und haben deren latentes Potential völlig und endgültig ausgemerzt. Ihr Wissen um die Soheit ist ausgezeichnet.

Dank der Kraft der Meditation des Ruhigen Verweilens wird der Geist nicht vom Wind begrifflichen Denkens gestört, wie eine Butterlampe, die von keinem Windhauch gestört wird. Spezielle Einsicht beseitigt jeden Makel falscher Anschauungen, also wird man nicht von den Anschauungen anderer beeinflusst. Das »Sūtra der Mond-Leuchte« sagt: »Kraft der Meditation Ruhigen Verweilens wird der Geist unerschütterlich werden, und mit Spezieller Einsicht wird er wie ein Gebirge werden.« Deshalb halte eine Yoga-Praxis beider Übungen aufrecht.

Das weist auf die Charakteristik oder Bedeutung der Meditation des Ruhigen Verweilens und Durchdringender Einsicht hin. Die Meditation des Ruhigen Verweilens ist eine Eigenschaft des Geistes, der einspitzig auf ein Objekt ausgerichtet ist, frei von jeglichen äußeren und inneren Ablenkungen. Der Geist richtet sich auf kein anderes Objekt als das Objekt seiner Konzentration aus. Da er frei von jeglicher mentaler Dumpfheit ist, wird das Objekt mit äußerster Klarheit erfasst. Lang anhaltende Entwicklung eines derart einspitzigen Geistes führt zur Seligkeit physischer und mentaler Geschmeidigkeit. Und wenn eine solche einspitzige Sammlung sich mit Seligkeit verbindet, wird sie als Meditation des Ruhigen Verweilens bezeichnet.

Spezielle Einsicht ist eine Weisheit, die Leere in Verbindung mit physischer und mentaler Seligkeit erkennt. Diese Seligkeit entsteht aus der analytischen Weisheit, die auf der Grundlage der Seligkeit der Meditation des Ruhigen Verweilens immer und immer wieder die Wirklichkeit ihres Objekts prüft. Diese Einsicht gibt sich nicht mit der bloßen Ausrichtung des Geistes auf sein Objekt zufrieden. Was auch immer das Objekt sein mag – betreffe es die konventionelle oder die absolute Wirklichkeit –, es wird gründlich von der analytischen Weisheit geprüft.

7. Kapitel

Gemeinsame Voraussetzungen für die Meditation über Ruhiges Verweilen und Spezielle Einsicht

Wie sollten die Meditation des Ruhigen Verweilens und Spezielle Einsicht gemeinsam praktiziert werden?

Zu Beginn sollte der Yogi die Voraussetzungen suchen, die ihm helfen können, die Meditation Ruhigen Verweilens und Spezielle Einsicht schnell und leicht zu verwirklichen.

Es ist klar, dass Praktizierende sich auf diese Voraussetzungen stützen müssen, um spirituelle Verwirklichung zu erlangen.

Die für die Entwicklung der Meditation Ruhigen Verweilens erforderlichen Voraussetzungen sind: in einem förderlichen Umfeld leben; unsere Begierden begrenzen und Zufriedenheit praktizieren; nicht in zu viele Tätigkeiten eingebunden sein; eine reine moralische Ethik bewahren; jedes Anhaften und alle anderen Arten begrifflichen Denkens beseitigen.

Kamalashīla erläutert dann, was er unter einem förderlichen oder günstigen Umfeld versteht.

Ein förderliches Umfeld wäre an den folgenden fünf Eigenschaften zu erkennen: leichter Zugang zu Nahrung und Bekleidung; frei sein von bösen Wesen und Feinden; frei sein von Krankheiten; gute Freunde haben, die moralische Ethik bewahren und ähnliche Anschauungen haben; am Tage von wenigen Menschen besucht werden und nachts von wenigen Geräuschen gestört werden.
Die Begierden begrenzen meint, dass man nicht übermäßig an vielen oder guten Kleidern hängt, etwa zeremoniellen Gewändern und dergleichen. Das Praktizieren von Zufriedenheit bedeutet, dass man stets mit jeder Kleinigkeit zufrieden ist, etwa schlichten zeremoniellen Gewändern und dergleichen. Nicht in zu viele Tätigkeiten eingebunden sein meint das Aufgeben gewöhnlicher – etwa geschäftlicher – Tätigkeiten, das Vermeiden zu enger Gesellschaft mit Haushaltern und Mönchen sowie das totale Aufgeben von Praktiken der Medizin und Astrologie.

Enge Gesellschaft meint in diesem Kontext Zusammenkünfte und endloses Geschwätz ohne jeden Zweck. Für diejenigen, die im Stande sind, mit starker Sammlung zu meditieren, wird das Praktizieren von Medizin und Astrologie zu einem Hindernis. Deshalb wird den Praktizierenden die Anweisung gegeben, diese weltlichen Beschäftigungen zu vermeiden, wenn es nicht besondere Gründe dafür gibt, anders zu handeln.

Selbst im Falle der Feststellung, dass ein Verstoß gegen die Gelübde des Hörers nicht wieder gutgemacht werden kann – wenn es Bedauern und ein Gewahrsein der Absicht gibt, ihn nicht zu wiederholen, sowie ein Gewahrsein des Fehlens einer wahren Identität des Geistes, der diese Handlung ausführte, oder Vertrautheit mit dem Fehlen einer wahren Identität aller Phänomene, dann kann man die Moral dieser Person als rein bezeichnen. Das sollte man dem Text des »Sūtra über die Beseitigung des Bedauerns von Ajātashatru« entnehmen. Man sollte sein Bedauern überwinden und spezielle Anstrengungen bei der Meditation unternehmen.

Die beiden Arten moralischer Ethik beziehen sich auf die Gelübde der individuellen Befreiung und das Gelübde des Bodhisattva. Es könnten auch die Gelübde von Ordinierten und die Gelübde von Laien gemeint sein.

Der folgende Absatz befasst sich mit der Nutzlosigkeit von Begierden und der Notwendigkeit, sich von weltlichen Aktivitäten fern zu halten. Zu diesem Zweck ist es wichtig, alle Arten von Missverständnissen zu beseitigen.

Der verschiedenartigen Mängel des Anhaftens in diesem und in künftigen Leben eingedenk zu sein hilft, diesbezügliche Missverständnisse zu beseitigen. Einige gemeinsame Merkmale schöner und hässlicher Dinge im Existenzkreislauf sind, dass sie alle vergänglich und dem Zerfall anheim gegeben sind. Es steht außer Zweifel, dass man von allen diesen Dingen getrennt wird, ohne es aufschieben zu können. Also meditiere darüber, warum das

Selbst so exzessiv an diesen Dingen haften sollte, und danach gib alle fälschlichen Auffassungen auf.
Welches sind die Voraussetzungen Spezieller Einsicht? Es sind der Verlass auf heilige Personen, die ernsthafte Suche nach ausführlichen Unterweisungen sowie eine angemessene Kontemplation.

In diesem Kontext meint Kontemplation das Meditieren sowohl über konventionelle als auch über absolute Wirklichkeiten. Anschließend erläutert der Text die Eigenschaften eines spirituellen Führers.

Auf welche Art von heiligen Personen sollte man sich verlassen? Auf einen, der viel[e][Lehren] gehört hat, der sich klar ausdrückt, der mit Mitgefühl begabt und im Stande ist, Bedrängnissen standzuhalten.

Klarer Ausdruck meint gewandte Sprache, doch ohne Mitgefühl führt das nicht weit. Fehlt das Mitgefühl, dann nützt auch große Gelehrsamkeit wenig. Damit ein Lehrer produktiv und wirksam lehren kann, wird Mitgefühl oder ein gütiges Herz hier als allerwichtigste Eigenschaft genannt. Beim Lehren kann es noch andere Mängel geben, beispielsweise dass man es satt hat, den Studenten alles zu erklären. Deshalb ist es auch wichtig, angesichts solcher Schwierigkeiten tolerant und geduldig zu sein.

Was ist gemeint mit der Suche nach ausführlichen Unterweisungen? Das heißt, man soll ernsthaft und mit Respekt der defi-

nitiven und zu interpretierenden Bedeutung der zwölf Zweige der Lehren Buddhas lauschen. Im »Sūtra über das Entwirren der Gedanken« heißt es: »Wie es einem gerade gefällt nicht auf die Lehren höherer Wesen zu hören, das ist ein Hindernis für Spezielle Einsicht.« Im selben Sūtra heißt es weiter: »Spezielle Einsicht entsteht aus ihrer Ursache, richtiger Sicht, die ihrerseits aus Zuhören und Kontemplation entsteht. Im »Sūtra der Fragen des Nārāyana« heißt es: »Durch die Erfahrung des [den Lehren] Zuhörens erlangst du Weisheit, und durch Weisheit werden Störende Gefühle gründlich zur Ruhe gebracht.«

Der obige Abschnitt erklärt sehr klar und knapp die Vorteile des Erwerbs umfangreichen Wissens durch Zuhören und Kontemplation. Das bezieht sich vor allem auf den Wert einer reichen und vielseitigen Kenntnis der Lehren in den kanonischen Schriften.

Was ist mit angemessener Kontemplation gemeint? Das bedeutet, dass man sich über die definitiven und zu interpretierenden Sūtras klar wird. Sind Bodhisattvas frei von jeglichem Zweifel, dann können sie einspitzig meditieren. Sind sie jedoch von Zweifel und Unentschiedenheit heimgesucht, dann werden sie wie ein Mann an einer Straßenkreuzung sein, der ungewiss ist, welchem Pfad er folgen soll.

Was immer du gehört hast, es ist äußerst wichtig, dass du dir durch Kontemplation über seinen Sinn klar wirst. Anderenfalls gleichst du der unschlüssigen Person an einer Straßenkreuzung. Unentschiedenheit und

Zweifel beeinträchtigen natürlich deine Leistungsfähigkeit beim Lehren und Erklären des Themas gegenüber Lernenden.

Im obigen Abschnitt bezieht sich der Text auf definitive und zu interpretierende Sūtras. Was bedeutet definitive und zu interpretierende Lehren? Welche sind die definitiven und welche die zu interpretierenden Sūtras? Das zu entscheiden ist eines der zentralen Anliegen buddhistischer Philosophie. Ganz allgemein heißt es, der Buddha habe drei Runden von Lehren erteilt, die unter dem Namen »Die drei Drehungen des Rades des Dharma« bekannt sind. Die Vier Edlen Wahrheiten stellen die erste Runde dar. Die Darlegung der Vier Edlen Wahrheiten bildete den Rahmen und das Fundament des Buddhismus. Die Vier Wahrheiten sind die Wahrheit des Leidens, die Wahrheit des Ursprungs des Leidens, wahre Pfade und wahre Beendigungen.

In der zweiten Drehung des Rades des Dharma beschäftigte der Buddha sich ausschließlich und ausführlich mit der Edlen Wahrheit der Beendigung des Leidens. Es gibt Hinweise darauf, dass die Schriften der Vollkommenheit der Weisheit ihren Ursprung in dieser Lehre haben. Da manch einer den Begriff der Selbst-Losigkeit, wie er während der zweiten Drehung des Rades gelehrt wurde, nicht verstand und die Möglichkeit bestand, dass einige vielleicht falsche Anschauungen hinsichtlich dieser Lehre entwickeln würden, stellte er die Darlegungen über die Selbst-Losigkeit während der dritten Drehung des Rades im Kontext von drei verschiedenen Phänomenen klar: zugeschriebene Phänomene, abhängige Phänomene und gründlich erwiesene Phänomene. Zugeschriebene Phänomene gelten als selbst-los, da sie keine ihnen innewohnende Identität besitzen. Abhängige Phänomene gelten als selbstlos, weil es ihnen an der Identität mangelt, selbsterzeugt zu sein. Und die gründlich erwiesenen Phänomene gelten als selbst-los, weil ihnen jede absolute Identität fehlt.

Allerdings erklären einige während der dritten Drehung des Rades gelehrte Sūtras, etwa das »Sūtra der Tathāgata-Essenz«, das klare Licht des subjektiven Geistes zusätzlich zum klaren Licht des Objekts, oder auch die Leere, die während der zweiten Drehung des Rades bereits makellos erklärt worden war. Die Natur des Geistes wurde ausführlicher behandelt. Da die vierte Edle Wahrheit, die Wahrheit des Pfades, ausführlicher und tiefschürfender dargelegt wurde, schaffte dies ein natürliches Bindeglied zum Verständnis der Lehren über das Tantra.

Der Buddha erteilte seine Lehren mit dem einzigen Zweck, denen zu nützen, die ihnen zuhörten. Zu diesem Zweck bediente er sich Geschickter Mittel, indem er Lehren über die größeren und kleineren Fahrzeuge im Kontext des größeren oder kleineren mentalen Fassungsvermögens der Menschen erteilte. Die verschiedenen philosophischen Lehrmeinungen wurden gelehrt, um den verschiedenartigen Graden der Intelligenz zu entsprechen. Dementsprechend gibt es vier buddhistische Schulen von Lehrmeinungen. Allgemein gesagt, behaupten einige Schulen, der Buddha habe während der ersten Predigt nur die sechzehn Attribute der Vier Edlen Wahrheiten gelehrt. Sie behaupten, es habe dabei keine Lehre über die Leere gegeben, sondern nur über die Selbst-Losigkeit von Personen.

Die Mahāyāna-Lehrmeinungen behaupten, der Buddha habe die Selbst-Losigkeit der Phänomene ebenso erläutert wie die Selbst-Losigkeit oder Leere, die in Verbindung mit den sechzehn Attributen der Vier Edlen Wahrheiten gelehrt wurde. Die Mahāyāna-Denkschulen sind die Chittamātra-(Nur-Geist-) und die Madhyamaka-(Mittlerer-Weg-)Schule. Diese beiden Schulen behaupten die Selbst-Losigkeit von Phänomenen.

Einige der kanonischen Schriften, die Buddhas Lehren enthalten, können nicht wörtlich akzeptiert werden. Daher müssen wir die Lehren in definitive und zu interpretierende Lehren aufteilen. Die Definitionen dieser Begriffe unterscheiden sich ebenfalls je nach den verschiedenen Denkschulen. Die Chittamātra-Schule definiert definitive Lehren als solche, deren Sinn wörtlich akzeptiert werden kann, und zu interpretierende Lehren als solche, deren Bedeutung nicht wörtlich zu nehmen ist. Die Svātantrika-Schule definiert definitive Schriften als Lehren, deren unmittelbares und hauptsächliches Diskussionsthema die absolute Wahrheit ist und die wörtlich akzeptiert werden können. Andere Themen betreffende Lehren des Buddha gehören für sie zu den zu interpretierenden Lehren.

Um die absolute Wahrheit, subtile Leere, zu erweisen, müssen wir uns an die Sūtras und Kommentare halten, die das Thema makellos darlegen. Zu diesem Zweck müssen wir die kanonischen Schriften in ihrer richtigen Reihenfolge verstehen und danach, ob sie definitive oder zu interpretierende Schriften sind. Das mag zunächst nicht ganz einfach sein. Folgen wir jedoch den Großen Wesen, die darauf hingewiesen haben, welche Schriften definitiv und welche zu interpretieren sind, und suchen wir nach der Leere durch das Studium dieser Sūtras und der dazugehörigen Kommentare, dann werden wir in der Lage sein, die Sicht der Leere zu verwirklichen. Dementsprechend betont Kamalashīla die Wichtigkeit des Studiums sowohl der definitiven als auch der zu interpretierenden Sūtras.

Der Text geht hier nun auf die gemeinsamen Voraussetzungen für die Meditation des Ruhigen Verweilens und Spezielle Einsicht ein:

Yogis sollten zu jeder Zeit Fisch, Fleisch und so weiter meiden, sollten mit Mäßigung essen und Nahrungsmittel meiden, die nicht zur Gesundheit beitragen.

Meditierende müssen physisch gesund sein. Daher kommt es wesentlich auf die richtige Ernährung an. Andererseits sollte ihr Geist klar und stark sein, was auch zur physischen Gesundheit beitragen wird. Aus diesem Grund wird empfohlen, auf Fisch, Fleisch, Knoblauch, Zwiebeln und so fort zu verzichten. Geeignete Nahrung sollte mäßig verzehrt werden, denn Verdauungsstörungen können sich verheerend auf die Meditation auswirken. Mehr noch: Wer zu viel isst, kann schwerlich wach bleiben.

Dementsprechend sollten Bodhisattvas, die alle Voraussetzungen für die Meditation Ruhigen Verweilens und Spezielle Einsicht zusammengebracht haben, in die Meditation eintreten.

Es gibt andere Praktiken, etwa die, während der ersten und der letzten Periode der Nacht nicht zu schlafen. Während du im mittleren Teil der Nacht schläfst, kultiviere Achtsamkeit und bewahre die richtige Körperhaltung.

Führt eine vegetarische Diät nicht zu Proteinmangel, dann ist sie eine gesunde Lebensart. Selbst wenn man nicht strenger Vegetarier sein kann, ist zumindest eine Mäßigung der Menge des verzehrten Fleischs hilfreich. Innerhalb der südlichen Schulen des Buddhismus ist das Verzehren von Fleisch nicht streng verboten. Doch ist das Fleisch bestimmter Tiere, etwa solcher, die keine Paarzeher sind oder spezifisch für unseren Verzehr geschlachtet wurden, verboten. Das bedeutet, dass beiläufig auf dem Markt gekauftes Fleisch akzeptabel ist.

Fleisch, das verzehrt werden darf, bezeichnet man als »reines Fleisch«. Es muss drei Qualifikationen erfüllen: dass man nicht gesehen hat, wie das Tier für den eigenen Verzehr geschlachtet wurde; dass man keinerlei Information erhalten hat, die darauf hindeutet, dass es für den eigenen Verzehr geschlachtet wurde; dass man keinen Zweifel hegt, dass das Tier nicht für den eigenen Verzehr getötet wurde. Im Allgemeinen verbieten auch die Schulen des Mahāyāna-Buddhismus das Essen von Fleisch nicht.

Gewisse Schriften jedoch, etwa das »Sūtra vom Abstieg nach Lanka«, verbieten streng das Essen von Fleisch zu jeder Zeit, während andere Schriften, etwa »Die Essenz des Madhyamaka« von Āchārya Bhavaviveka, es zu erlauben scheinen. Einige Mahāyāna-Texte über »Die Vollkommenheit der Weisheit« verbieten also den Verzehr von Fleisch, andere nicht. Die drei unteren Klassen des Tantra verbieten streng den Verzehr von Fleisch, während die höchsten Klassen ihn erlauben. Bestimmte rituelle Praktiken innerhalb dieser Klassen des Tantra erfordern fünf Arten von Fleisch und fünf Arten von Nektar. Daher gilt im Allgemeinen, dass offen auf dem Markt erhältliches Fleisch gegessen werden darf, dass es uns jedoch verboten ist, Tiere für unseren eigenen Verzehr zu töten.

Wie schon zuvor erwähnt, sollten an der Praxis Interessierte, die über die erforderlichen Fähigkeiten verfügen und frei von Beeinträchtigungen sind, die vorbereitenden Übungen ausführen, bevor sie mit der Meditation des Ruhigen Verweilens beginnen.

Beim Meditieren sollte der Yogi zunächst alle vorbereitenden Praktiken vollenden. Er sollte zur Toilette gehen, und an einem angenehmen Ort, frei von störenden Geräuschen, sollte er denken: »Ich will alle fühlenden Wesen zum Zustand der Erleuchtung führen.« Dann sollte er Großes Mitgefühl manifestieren, den Gedanken, alle fühlenden Wesen befreien zu wollen, sowie allen Buddhas und Bodhisattvas in den Zehn Himmelsrichtungen Verehrung erweisen, indem er mit den fünf Gliedern seines Körpers den Boden berührt.

Rufe ein Feld von Verdiensten an, indem du Buddhas und Bodhisattvas im Raum vor dir visualisierst, und sprich Gebete. Das ist eine reine Sūtra-Praxis. Wird die Anrufung im Kontext des Tantra vorgenommen, dann erzeugt man das Hingabe-Wesen und lässt das Weisheits-Wesen damit verschmelzen. Bei Niederwerfungen empfiehlt die Überlieferung, dass man dabei mit seinen fünf Gliedern – der Stirn, beiden Handflächen und beiden Knien – den Boden berührt. Wichtig ist dabei, dass es richtig und mit Freude geschieht. Es ist nicht förderlich, die Niederwerfung entweder als bloße Formalität oder unter Zwang zu vollziehen.

Darstellungen des Körpers, der Rede und des Geistes Buddhas können physisch auf einem Altar arrangiert oder im Raum vor dir visualisiert werden. Opfer sollten entsprechend deinen Mitteln dargebracht werden. Bist du vom Glück begünstigt und wohlhabend, umso besser. Verfügst du jedoch nicht über die Mittel, viele Buddha-Bildnisse zu erlangen, dann ist es nicht erforderlich, sie auf unehrliche Weise zu erwerben. Durch Betrug und Täuschung erworbene Statuen und Thangkas erzeugen nur negative Konsequenzen, statt Gutes zu bringen.

Bist du ein in einsamer Zurückgezogenheit in den Bergen lebender Mönch, dann werden zu viele religiöse Bildnisse nur Diebe unnütz in Versuchung führen. In der Vergangenheit besaßen große Heilige wie Milarepa hohe Verwirklichung, doch nicht solche Statuen. Milarepa lebte in einer leeren Höhle. Es gibt da eine Geschichte von einem Dieb, der eines Nachts in seine Höhle eindrang und nach etwas suchte, das er stehlen könnte. Mila lachte und fragte ihn: »Was suchst du? Wenn ich schon bei Tage nichts finden kann, was erwartest du dann in der Nacht zu finden?« Also sollten wir dessen eingedenk sein, dass spirituelle Verwirklichung im Innern entwickelt wird und dass äußere Objekte von keiner besonderen Bedeutung sind.

Es gibt Menschen, die sich im Namen religiöser Praktiken wer weiß wie bemühen, einen reich ausgestatteten und teuren Altar zu errichten. Mit Bildnissen überladen, wird er zu einem Teil ihrer Wohnungseinrichtung und hört auf, besondere Bedeutung oder Zweck zu haben. Wenn du also Darstellungen von Körper, Rede und Geist Buddhas auf akzeptable Weise erlangen kannst, dann solltest du eine Statue des Shākyamuni Buddha, des Gründers des Buddhismus, haben. Um seine Rede darzustellen, kannst du eine Kopie des »Sūtra der Vollkommenheit der Weisheit« als Haupttext hinlegen, zusammen mit einer Kopie des *Avatamsaka-Sūtra*, das sich mit den guten Taten von Bodhisattvas beschäftigt. Daneben kannst du die Dinge legen, die den Geist Buddhas repräsentieren.

Kannst du diese Dinge nicht beschaffen, mach dir keine Gedanken darüber. Kannst du es jedoch, dann sollten sie auf angemessene Weise arrangiert werden. Im Mittelpunkt sollte ein Gemälde, eine Statue oder eine ähnliche bildliche Darstellung des Buddha Shākyamuni stehen. Um ihn herum Darstellungen von Meditationsgottheiten in friedvollen wie rasenden Aspekten sowie Darstellungen der acht bedeutenden unmittelbaren Schüler des Buddha. Werden andererseits diese Bildnisse nach ihrem monetären Wert arrangiert oder nach der Qualität des Materials, aus dem sie hergestellt sind, oder danach, ob sie neu oder antik sind, dann machst du einen schwer wiegenden Fehler. Damit würdest du offenbaren, dass diese heiligen Darstellungen für dich nichts weiter als materieller Besitz sind.

Also arrangiere deinen Altar bei vollem Verständnis seines Sinns und Zwecks auf die richtige Weise. Vollziehe Niederwerfungen und Opfer vor den heiligen Gegenständen. Achte wohl darauf, was du opferst. Opferst du, was man »reine Materialien« nennt, dann kannst du viele Verdienste anhäufen. Sind die Materialien andererseits »unrein«, dann können sich für dich negative Konsequenzen statt Verdienste ergeben. »Unreine Materialien« sind Dinge, die durch die fünf falschen Lebensweisen erworben wurden, also Schmeichelei, Betrug und dergleichen. Das gilt besonders für Ordinierte. Wenn jemand Texte, Statuen oder Fotos von Buddha wie kommerzielle Gegenstände behandelt und mit ihnen Geschäfte zum persönlichen Vorteil macht, dann ist dies ein falscher Lebenserwerb. Es ist gewiss ungesund und hat ernsthafte negative Konsequenzen. Wenn andererseits Menschen arbeiten, um kanonische Texte zu veröffentlichen, Statuen herzustellen und dergleichen, um die Lehren Buddhas zu verbreiten, dann ist das etwas anderes. Wenn in solchen Fällen einzelne Menschen motiviert sind, denen zu helfen, die solche religiöse Unterstützung brauchen, dann engagieren sie sich in heilsamen Aktivitäten. Daher müssen wir die Bedeutung des Opferns reiner Materialien erkennen. Unter Tibetern ist die Überlieferung weit verbreitet, Schalen von Wasser und Butterlampen zu opfern. Auch das sollte respektvoll und in angemessener Form geschehen.

Auf die Praxis des Opferns folgen Bekennen, Sich-Freuen, Um-Unterweisung-Ersuchen, den Buddha bitten, nicht ins Parinirvāna einzugehen, und Widmung. Zusammen sind diese Schritte als die Übung der sieben Zweige bekannt. Hoch verwirklichte Wesen widmen sich solch wertvollen Praktiken in ihrem Bestreben, grenzenlose Verdienste anzuhäufen.

Er sollte ein Bildnis der Buddhas und Bodhisattvas, etwa ein Gemälde, vor sich oder an einen anderen Platz hinstellen. Er sollte so viele Opfergaben darbringen, wie er kann. Er sollte sich zu seinen Verfehlungen bekennen und sich über die Verdienste aller anderen Wesen freuen.

Der Meditierende sollte zunächst die Übung der sieben Zweige vollziehen, also Niederwerfung, Opfern, Um-Unterweisung-Ersuchen und so weiter.

Dann sollte er auf einem bequemen Kissen in der vollen Lotosstellung des Vairochana Platz nehmen oder in der halben Lotosstellung. Die Augen sollten nicht zu weit offen oder zu fest geschlossen sein. Der Blick sollte auf die Nasenspitze gerichtet sein. Der Körper sollte nicht nach vorn oder rückwärts gebeugt sein. Halte ihn gerade und wende die Aufmerksamkeit nach innen. Die Schultern sollten in ihrer natürlichen Position bleiben und der Kopf weder nach vorn, hinten oder seitwärts geneigt sein. Die Nase sollte sich in einer Linie mit dem Nabel befinden. Zähne und Lippen sollten in ihrer natürlichen Stellung ruhen, wobei die Zunge den oberen Gaumen berührt. Atme sanft und ruhig, ohne ein Geräusch zu machen, ohne Anstrengung und ohne Unebenheit. Atme ganz natürlich ein und aus, langsam und unmerklich.

Meditierende müssen besonders auf die Art achten, wie sie atmen. Das Atmen sollte frei von jedem Geräusch oder jeder Stockung sein. Heftiges Atmen ist schädlich. Atme sanft und tief. Atme ruhig und gleichmäßig ein und aus.

8. Kapitel

Die Übung des Ruhigen Verweilens

Die Meditation des Ruhigen Verweilens sollte als Erstes ausgeübt werden. Ruhiges Verweilen ist der Geist, der die Ablenkung durch äußere Objekte überwunden hat und der sich spontan und fortlaufend dem Objekt der Meditation voller Seligkeit und Geschmeidigkeit zuwendet.

Nach richtiger Durchführung der vorbereitenden Übungen sollte man sich der tatsächlichen Meditation widmen, die aus Ruhigem Verweilen und Spezieller Einsicht besteht. Was ist die Meditation des Ruhigen Verweilens? Es ist jener Geisteszustand, der sich auf ganz natürliche Weise dem Objekt der Meditation durch Beruhigung der Ablenkung auf äußere Objekte zuwendet.

Außerdem beseitigt er nach und nach die Mängel des Körpers und Geistes, weil er frei von mentaler Dumpfheit und Erregung ist. »Voller Seligkeit und Geschmeidigkeit« meint die physischen und mentalen Eigenschaften, die ein Meditierender entwickelt. Im

Prozess der Meditation wird zuerst mentale Flexibilität entwickelt, auf die dann körperliche Geschmeidigkeit folgt. Interessanterweise wird danach körperliche Seligkeit entwickelt, gefolgt von mentaler Seligkeit. Die Verbundenheit von Geist mit Seligkeit nennt man die Meditation des Ruhigen Verweilens.

Was ist Spezielle Einsicht?

Das, was Soheit auf angemessene Weise aus einem Zustand des Ruhigen Verweilens heraus untersucht, ist Spezielle Einsicht. Im »Juwelenwolken-Sūtra« heißt es: »Die Meditation des Ruhigen Verweilens ist ein einspitziger Geist; Spezielle Einsicht führt eine spezifische Analyse des Absoluten (Endgültigen) durch.«

Nachdem der Meditierende die Fähigkeit zu Ruhigem Verweilen entwickelt hat, richtet er seinen Geist nicht einspitzig auf ein Objekt, sondern beginnt es zu untersuchen. Das Objekt der Meditation ist hier vor allem die absolute (endgültige) Wahrheit, doch sind konventionelle Phänomene nicht ausgeschlossen. Die Sammlung, die durch die das Objekt analysierende Kraft physische und mentale Seligkeit erzeugt, ist Spezielle Einsicht. Danach wird eine Vereinigung von Ruhigem Verweilen und Spezieller Einsicht erreicht.

Ruhiges Verweilen und Spezielle Einsicht werden nicht nach den Objekten ihrer Sammlung unterschieden. Beide können relative und absolute Wahrheit als Objekte wählen. Es gibt ruhig verweilende Meditation, die sich auf die absolute Wahrheit sammelt, und es gibt

Spezielle Einsicht, die über relative Wahrheit meditiert. So gibt es zum Beispiel ruhig verweilende Meditation, bei der der Geist einspitzig auf die Leere gesammelt wird. Spezielle Einsicht meditiert auch über konventionelle Phänomene wie die subtilen und gröberen Aspekte der meditativen Wege.

Allgemein gesagt, besteht der Unterschied zwischen diesen beiden Arten der Meditation darin, dass Ruhiges Verweilen eine konzentrative und Spezielle Einsicht eine analytische Meditation ist. Das Fahrzeug der Vollkommenheit und die ersten drei Klassen des Tantra teilen diese Auffassung. Nach dem höchsten Tantra ist Spezielle Einsicht eine konzentrative Meditation. Dies ist eine einzigartige Form des Verständnisses innerhalb eines Kontextes, in dem Spezielle Einsicht voll und ganz als eine konzentrative Meditation wirkt. Andererseits befassen sich das Große Siegel oder die Mahāmudrā der Kagyü-Überlieferung und die Große Vollkommenheit oder das Dzogchen der Nyingma-Überlieferung nur mit analytischer Meditation.

Im »Sūtra über die Entwirrung der Gedanken« heißt es außerdem: »Maitreya fragte: ›O Buddha, wie soll man gründlich nach ruhig verweilender Meditation streben und Erfahrung in Spezieller Einsicht erlangen?‹ Der Buddha antwortete: ›Maitreya, ich habe Bodhisattvas folgende Lehren gegeben: Sūtras, melodiöse Lobgesänge, prophetische Lehren, Verse, spezifische Anweisungen, Rat aus spezifischen Erfahrungen, Ausdrücke von Verwirklichung, Legenden, Geburtsgeschichten, ausführliche Unterwei-

sungen, wunderbare Lehren, erwiesene Doktrinen und Anweisungen‹.«

Bodhisattvas sollten diesen Lehren richtig zuhören, deren Inhalt im Gedächtnis behalten, sich in verbalem Rezitieren üben und sie mental gründlich prüfen. Nachdem sie sie vollkommen verstanden haben, sollten sie allein in abgelegene Gegenden gehen und über diese Lehren nachdenken sowie weiterhin ihren Geist auf sie sammeln. Sie sollten sich mental nur auf jene Themen sammeln, über die sie zuvor nachgedacht haben, und sollten dies kontinuierlich beibehalten. Das nennt man mentalen Einsatz.

Bei der Meditation des Ruhigen Verweilens sammelt man den Geist einspitzig auf die wesentlichen und summarischen Punkte der Lehre. Die unter den oben genannten zwölf Kategorien zusammengefassten Lehren Buddhas sind umfassend und befassen sich mit so vielfältigen Themen wie den mentalen und physischen Aggregaten, den Elementen, Quellen der Wahrnehmung und so weiter. Im Kontext der Meditation des Ruhigen Verweilens soll man sich nicht in Einzelheiten verlieren, sondern sich mit der wesentlichen Natur oder dem Schwerpunkt der Lehre befassen – sei es Leere oder Vergänglichkeit – und deren Natur kontemplieren. Andererseits ist Meditation über Spezielle Einsicht analytisch. Der Meditierende beschäftigt sich in Einzelheiten mit der Identität, dem Ursprung und anderen Eigenschaften des Objekts der Meditation, etwa den Aggregaten, Elementen, Quellen der Wahrnehmung und so fort.

»Sobald der Geist wiederholt auf diese Weise eingesetzt worden ist und physische wie mentale Geschmeidigkeit erreicht worden sind, nennt man diesen Geist ruhig verweilend. Auf diese Weise streben Bodhisattvas richtig nach dem ruhig verweilenden Geist.«

Durch den Vorgang der Meditation verwirklicht der Ausübende zunächst mentale Flexibilität. Dem geht eine Art Schwere des Gehirns voraus, die tatsächlich ein Zeichen des Preisgebens der Mängel des Geistes ist. Nach dem Erzeugen mentaler Geschmeidigkeit wird physische Geschmeidigkeit verwirklicht. Das ist der direkte Gegner der körperlichen Defekte. Das Ergebnis ist körperliche Seligkeit, aus der dann mentale Seligkeit erzeugt wird.

»Wenn der Bodhisattva physische und mentale Geschmeidigkeit erlangt hat und in ihr verweilt, dann beseitigt er mentale Ablenkung. Das Phänomen, das als das Objekt einspitziger Sammlung kontempliert wurde, sollte nun analysiert und wie eine Art Spiegelung angesehen werden. Diese Spiegelung oder bildliche Vorstellung, die Gegenstand einspitziger Sammlung ist, sollte gründlich als ein Wissensobjekt erkannt werden. Es sollte vollständig untersucht und gründlich analysiert werden. Übe Geduld und freue dich daran. Beobachte und verstehe es bei richtiger Analyse. Das ist es, was man als Spezielle Einsicht bezeichnet. Auf diese Weise gewinnen Bodhisattvas Fertigkeit im Umgang mit Spezieller Einsicht.«

Das Erzeugen einer positiven Motivation ist von entscheidender Bedeutung. Der Übende sollte diese positive Haltung während des gesamten Prozesses seiner Übungen immer wieder neu erschaffen. Denke Folgendes: »Ich werde diesem heiligen Text des Kamalashīla lauschen, um zum Wohle aller fühlenden Wesen, so unermesslich wie der Weltraum, unübertreffliche Buddhaschaft zu erlangen.« Von großer Bedeutung ist, dass wir die Seltenheit und Kostbarkeit des menschlichen Lebens erkennen. Das ist die Grundlage, auf der wir sowohl zeitweilige als auch endgültige Ziele erreichen können. Dieses Leben als ein freies und vom Glück begünstigtes Menschenwesen ist eine großartige Gelegenheit, und wir sollten sie in jeder Hinsicht nutzen. Wurzel und Grundlage zur Verwirklichung des endgültigen Zieles der Erleuchtung ist das Erzeugen altruistischen Denkens, und dieses wiederum entsteht aus Mitgefühl. In diesem Kontext gibt es noch andere ergänzende Übungen, etwa das Ausüben von Gebefreudigkeit und anderer verdienstvoller Taten sowie die Schulung in jener Sammlung, welche die Verbindung von Ruhigem Verweilen und Spezieller Einsicht ist.

Vor dem Erzeugen von Mitgefühl für andere fühlende Wesen muss der Übende ganz allgemein an das Leiden des Existenzkreislaufs denken sowie im Besonderen an die Leiden in den verschiedenen Bereichen innerhalb des Existenzkreislaufs. Durch diesen Prozess der Kontemplation gelangt der Praktizierende dazu, die unerträgliche Natur des Elends des Existenzkreislaufs zu erkennen. Das bringt ihn ganz natürlich dazu, nach einem Ausweg aus diesem Elend zu suchen. Gibt es eine Möglichkeit, völlig frei vom Leiden zu sein? Welche Methoden müssen angewendet werden, um das Leiden zu verringern? Beschäftigst du dich ernsthaft mit einer solchen Frage und untersuchst sie richtig, dann wirst du erkennen, was das Leiden verursacht. Quelle des Leidens ist die mentale Verblendung, die aus Handlungen und Störenden Gefühlen entsteht. Diese sind vorübergehender Natur, und der Geist kann völlig davon getrennt werden. Der Praktizierende gelangt zu der Erkenntnis, dass die Edle Wahrheit der Beendigung des Leidens durch die Befriedung oder Beseitigung des Leidens und seiner Ursachen erreicht werden kann. Die logische Folge ist, dass der einzelne Mensch Entsagung entwickelt, da er sich Befreiung vom Leiden und seinen Ursachen ersehnt. Und wenn du den Wunsch hegst, dass andere fühlende Wesen ebenfalls vom Leiden und seinen Ursachen befreit sein mögen, dann machst du einen wesentlichen Schritt in Richtung des Erzeugens von Mitgefühl.

Ein Übender sollte sich zunächst in den Stufen des allgemeinen Pfades schulen und dann schrittweise die Stufen des größeren Pfades einbeziehen. Das ist eine gesunde und richtige Art, eine spirituelle Laufbahn zu verwirklichen.

Nach Ausführung der vorbereitenden Praktiken macht man sich an die Schulung in den beiden Arten des Erweckenden Geistes, nämlich des konventionellen und des absoluten Erweckenden Geistes. Mit dem Erzeugen des konventionellen Erweckenden Geistes übt ein Praktizierender sich im Wirken eines Bodhisattva, wozu die Sechs Vollkommenheiten gehören. Das Meditieren über den absoluten Erweckenden Geist geschieht durch das Erzeugen einer transzendenten Weisheit, die die Leere unmittelbar erkennt. Eine solche Weisheit ist eine meditative Stabilisierung, die eine Vereinigung von Ruhigem Verweilen und Spezieller Einsicht darstellt. Das bedeutet, dass man in der einspitzigen Sammlung gleichzeitig die Natur der Leere analysieren kann.

Zunächst muss der Praktizierende die Voraussetzungen und sonstigen Vorbedingungen schaffen, welche die Meditation des Ruhigen Verweilens begünstigen.

Die Yogis, die daran interessiert sind, einen ruhig verweilenden Geist zu verwirklichen, sollten sich anfänglich strikt auf die Tatsache konzentrieren, dass man die zwölf Gruppen von Schriften – die Sūtras, melodiöse Lobgesänge und so weiter – folgendermaßen zusammenfassen kann: Sie alle führen zur Soheit, werden zur Soheit führen und haben zur Soheit geführt.

In letzter Analyse beziehen sich die Lehren Buddhas direkt oder indirekt auf die Soheit. Die Texte, die sich offensichtlich mit der Vergänglichkeit, dem Leiden und so weiter beschäftigen, befassen sich letztlich auch mit der Soheit. Denn obwohl sie grobe Selbst-Losigkeit darlegen, etwa die Nichtdualität von Subjekt und Objekt, führen sie direkt zu jener subtilen Leere, die Buddha direkt während des zweiten Drehens des Rades der Lehre gelehrt hat.

Eine Weise des Ausübens dieser Meditation ist, den Geist strikt auf die mentalen und physischen Aggregate als ein Objekt, das alle Phänomene einbezieht, zu richten. Eine andere Weise besteht darin, den Geist auf ein Buddha-Bildnis zu sammeln. Im Sūtra über den »König der meditativen Stabilisierung« heißt es:

Mit seinem Körper von goldener Farbe
Ist der Herr des Universums äußerst schön.
Der Bodhisattva, der seinen Geist auf dieses Objekt ausrichtet,
Gilt als jemand in meditativer Versenkung.

Es gibt verschiedene Objekte der Meditation des Ruhigen Verweilens. Die tantrischen Systeme sind die einzigen, die eine Meditationsgottheit oder eine Samen-Silbe als das Objekt verwenden. Hier wird – wie im Sūtra-System gelehrt – ein Buddha-Bildnis als Objekt benutzt.

Meditative Stabilisierung ist eine Übung, die Buddhisten und Nichtbuddhisten gemeinsam ist. Daher ist es für Buddhisten ratsam, die bildliche Darstellung eines Buddha zum Objekt ihrer Meditation zu machen. Auf diese Weise wird er oder sie eine Reihe von damit einhergehenden Vorteilen ernten wie zum Beispiel das Anhäufen von Verdiensten und Erinnerung an den

Buddha. Visualisiere das Bild des auf einem Thron aus kostbaren Juwelen sitzenden Buddha. Es sollte etwa eine volle Körperlänge von dir entfernt sein, in Höhe deiner Stirn im Raum vor dir verweilend. Du solltest dir vorstellen, dass das Bild sowohl kompakt als auch strahlend ist.

Der intelligente Praktizierende bemüht sich um Sammlung, indem er zunächst ein angemessenes Verständnis der Sicht gewinnt. Eine solche Person sammelt sich auf Leere als Objekt der Meditation und ist bestrebt, auf diese Weise Ruhiges Verweilen zu verwirklichen. Das ist in der Tat schwierig. Andere benutzen den Geist selbst als Objekt bei ihrer Suche nach Ruhigem Verweilen. Das geschieht, indem sich der Meditierende auf Klarheit und Gewahrsein sammelt, was die Weise des Geistes ist, sich auf sich selbst auszurichten. Auch das ist keine leichte Aufgabe. Zu Beginn muss ein Übender klares Gewahrsein als tatsächliche Erfahrung identifizieren. Dann sammelt sich der Geist mit Hilfe von Achtsamkeit auf jenes Gefühl.

Der Geist ist etwas Geheimnisvolles und hat Myriaden von Erscheinungsformen. Man kann ihn nicht so identifizieren wie äußere Objekte. Er besitzt weder Gestalt noch Form noch Farbe. Dieses bloße klare Gewahrsein hat die Natur von Erfahrung und Fühlen. Es ist so ähnlich wie bei gefärbtem Wasser – obwohl das Wasser nicht von derselben Natur ist wie die Farbe, ist die wahre Farbe des Wassers nicht offensichtlich, solange beides gemischt ist. Auf ähnliche Weise besitzt der Geist nicht die Natur äußerer Objekte wie beispielsweise physische Form und dergleichen. Doch ist der Geist so daran gewöhnt, den fünf Arten von Sinnesbewusstsein zu folgen, dass er von der physischen Form, Gestalt, Farbe und dergleichen, die er erfährt, fast nicht mehr zu unterscheiden ist.

In diesem Kontext besteht der Meditationsmodus darin, alle Arten von Gedanken und Wahrnehmungen absichtlich zu stoppen. Man beginnt damit, dass man den Geist davon abhält, den verschiedenen Arten von Sinnesbewusstsein zu folgen. Danach sollte man den Geist stoppen, der über Sinneserfahrungen und Gefühle von Freude und Leid reflektiert. Sammle den Geist auf seinen gegenwärtigen und natürlichen Zustand, ohne ihm zu gestatten, sich von Erinnerungen an Vergangenes oder Planungen für Künftiges einnehmen zu lassen. Durch einen solchen Prozess wird dem Praktizierenden sozusagen die wahre Farbe des Geistes nach und nach aufdämmern. Sobald der Geist frei von allen Arten von Gedanken und Begriffen ist, wird plötzlich eine Form von Leerheit auftreten. Versucht der Meditierende, sich mit dieser Leerheit vertraut zu machen, so wird die Klarheit des Bewusstseins auf natürliche Weise immer deutlicher.

Während des ganzen Vorgangs des Übens der Meditation des Ruhigen Verweilens sollten wir deutlich der Fünf Mängel und der Acht Gegenmittel gewahr sein. Die Fünf Mängel sind: Faulheit; Vergessen des Objekts der Meditation; mentale Dumpfheit und Erregung;

Nichtanwenden des Gegenmittels, wenn man von mentaler Dumpfheit oder Erregung befallen wird; unnötige Anwendung der Gegenmittel. Lassen Sie mich die Acht Gegenmittel nennen – es sind: Glaube (Vertrauen); Interesse; Ausdauer; Geschmeidigkeit; Achtsamkeit; Gewissenhaftigkeit; Anwendung der Gegenmittel, wenn man von Dumpfheit oder Aufregung befallen wird; Verzicht auf unnötige Anwendung der Gegenmittel. Glaube bezieht sich hier auf den Genuss oder die Freude am Praktizieren von Sammlung, die aus der Wertschätzung ihrer Vorteile entsteht. Das führt ganz natürlich zum Interesse an dieser Praxis und hilft, die Ausdauer zu stärken. Die vier ersten Gegenmittel – Glaube, Interesse, Ausdauer und Geschmeidigkeit – wirken gegen die Faulheit, und das fünfte Gegenmittel, Achtsamkeit, wirkt dem Vergessen des Objekts der Meditation entgegen. Gewissenhaftigkeit, das sechste Gegenmittel, ist der Gegenspieler von Dumpfheit und Erregung.

Wenn der Geist an Dumpfheit leidet, sollte man sich bemühen, ihn aufzuwecken und zu erheben. Der Erregung sollte man dadurch entgegenwirken, dass man den erregten Geist beruhigt. Durch anhaltendes Üben erlangt der Meditierende mentale Stabilität und steigt durch die Stufen der Sammlung weiter auf. Auf der achten und neunten Stufe befindet der Geist sich in tiefer Sammlung. Zu dem Zeitpunkt ist die Anwendung der Gegenmittel nur eine Ablenkung und sollte daher vermieden werden.

Richte auf diese Weise den Geist auf das Objekt deiner Wahl. Ist das einmal geschehen, dann richte ihn wiederholt und schließlich dauernd darauf aus. Hast du ihn derart ausgerichtet, dann prüfe den Geist und stelle fest, ob er richtig auf das Objekt gesammelt ist. Untersuche ihn auch auf Dumpfheit und stelle fest, ob der Geist auf externe Objekte abgelenkt wird.

Im Hinblick auf die Entwicklung der Meditation des Ruhigen Verweilens steht es dem Übenden frei, den Gegenstand der Meditation zu wählen, den er oder sie für geeignet und angenehm hält. Er oder sie sollte dann den Geist auf das Objekt sammeln, nicht erlauben, dass er von äußeren Objekten abgelenkt wird, und ihn nicht in die Grube der Dumpfheit fallen lassen. Er oder sie sollte danach streben, einspitzige Sammlung vereint mit scharfer Klarheit zu erlangen.

Zu Dumpfheit kommt es, wenn der Geist von Faulheit beherrscht wird und es ihm an Wachheit und Schärfe mangelt. Selbst im Alltagsleben können wir unseren Geist als »unklar« oder »träge« beschreiben. Ist Dumpfheit gegeben, dann hält der Meditierende nicht stark genug am Meditationsobjekt fest, weshalb die Meditation nicht wirksam ist.

Stellt sich heraus, dass der Geist aufgrund von Schläfrigkeit und mentaler Trägheit dumpf ist, oder fürchtet man das Nahen von Dumpfheit, dann sollte der Geist sich mit einem höchst erfreulichen Objekt befassen, etwa einem Buddha-Bildnis oder einer Vorstellung von Licht. In diesem Prozess sollte der Geist, nachdem er die Dumpfheit vertrieben hat, versuchen, das Objekt sehr klar zu sehen.

Geistige Trägheit und Dumpfheit geschehen in wechselseitiger Ursache-Wirkung-Beziehung. Ist ein Meditierender von Verschwommenheit bedrängt, fühlen Geist und Körper sich schwer an. Der Übende verliert Klarheit, und der Geist wird wirkungslos und unproduktiv. Dumpfheit ist eine Form mentaler Depression. Um ihr entgegenzuwirken, soll man Techniken anwenden, die dazu beitragen können, den Geist aufzuhellen. Zu den wirkungsvolleren Wegen gehört, dass man an freudige Objekte denkt, etwa an die wundervollen Eigenschaften eines Buddha oder an die Seltenheit des kostbaren menschlichen Lebens und die Chancen, die es bietet. Aus diesen Gedanken sollte man Inspirationen ableiten, um die Meditation fruchtbar zu gestalten.

Bei der Entwicklung Ruhigen Verweilens ist mentale Erregung das andere zu überwindende Haupthindernis. Dieses Hindernis tritt auf, wenn der Geist sich in einem Zustand der Erregung befindet, und zwar auf der Jagd nach Objekten der Begierde und bei der Rückerinnerung an einstige Erfahrungen von Freude und Glück. Gröbere Formen mentaler Erregung bringen den Geist dazu, das Objekt der Sammlung vollständig zu verlieren; in subtileren Formen befasst sich nur ein Teil des Geistes mit dem Objekt. Die Lösung dieses Problems besteht darin, über Vergänglichkeit zu meditieren, über Leid und Ähnliches, was dem Geist helfen kann, sich zu beruhigen.

Man sollte die Präsenz von Dumpfheit erkennen, wenn der Geist das Objekt nicht sehr klar sehen kann, wenn man das Gefühl hat, blind zu sein, sich an einem dunklen Ort zu befinden oder die Augen geschlossen zu haben. Wenn der Geist während der Meditation hinter Eigenschaften äußerer Objekte wie beispielsweise Form herjagt, seine Aufmerksamkeit anderen Phänomenen zuwendet oder durch das Verlangen nach einem Objekt abgelenkt wird, das man zuvor erlebt hat, oder wenn man argwöhnt, dass Ablenkung zu erwarten ist, dann sollte man daran denken, dass alle zusammengesetzten Phänomene vergänglich sind. Denke an Leiden und dergleichen, Themen, die den Geist besänftigen werden.

Kontempliert man über die Nachteile ständiger mentaler Ablenkung oder irgendein anderes Objekt, das den Geist entmutigen könnte, dann wird man im Stande sein, die mentale Erregung zu verringern. Verliert der Geist das Objekt der Meditation und lässt sich durch Gedanken an frühere Erlebnisse ablenken, vor allem in bezug auf Objekte, an denen man hängt, dann nennt man das Erregung. Verliert der Geist vollständig das Objekt der Meditation und wird von tatsächlich vorhandenen äußeren Objekten abgelenkt, dann ist das grobe Erregung. Hat der Geist das Objekt der Meditation nicht verloren, verweilt jedoch ein Teil des Geistes bei einem Objekt, an dem man hängt, dann nennt man das subtile Erregung. Erregung kommt zustande, wenn der Geist zu freudig gestimmt ist. Ist der Geist zu freudig gestimmt und übermäßig aktiv, dann lässt er sich leicht ablenken. Das Gegenmittel besteht darin, den Übermut des Geistes zu dämpfen, indem man ihn etwas zurücknimmt. Zu diesem Zweck ist es hilfreich, über Objekte zu meditieren, die die Besessenheit von inneren und äußeren Objekten und das Hängen daran vermindern. In diesem Kontext ist es hilfreich, über Vergänglichkeit, Leid und dergleichen zu meditieren.

Das Gegenmittel gegen mentale Dumpfheit und Erregung ist Introspektion (Innenschau). Die Funktion der Introspektion ist, zu beobachten, ob der Geist wirklich stabil beim Objekt der Meditation verweilt. Die Funktion der Achtsamkeit ist, den Geist beim Objekt verweilen zu lassen. Sobald dies erreicht ist, muss die mentale Introspektion darauf achten, ob der Geist auch weiterhin beim Objekt verweilt oder nicht. Je stärker die Achtsamkeit, desto stärker wird die mentale Innenschau sein. Wenn man beispielsweise ständig denkt: »Es ist nicht gut, dies zu tun« oder »Dies ist nicht hilfreich« und so weiter, dann hält man die Introspektion aufrecht. Es ist wichtig, auf die negativen Aspekte des Alltagslebens zu achten, und man sollte ihrem Auftreten gegenüber stets wachsam sein. Deshalb ist es eines der einzigartigen Merkmale und Funktionen der mentalen Introspektion, den Zustand deines Körpers und Geistes einzuschätzen und zu beurteilen, ob der Geist stabil bei dem Objekt verweilt oder nicht.

Zugleich ist es wichtig, daran zu denken, dass der Geist dumpf wird, wenn die Stimmung zu tief absinkt. Sobald mentale Dumpfheit aufzutreten beginnt, sollte man sich bemühen, das Gemüt aufzuhellen. Ob man zu einer gegebenen Zeit in schlechter oder guter Stimmung ist, das hängt sehr von der Gesundheit, der Ernährung, der Tageszeit und sofort ab. Daher ist man selbst derjenige, der am besten beurteilen kann, wann man die mentale Stimmung dämpfen und wann man sie anheben sollte.

Bei diesem Prozess sollte jede Ablenkung beseitigt werden, und der elefantengleich(e) (umherwandernde) Geist sollte mit dem Seil der Achtsamkeit und Wachsamkeit fest an den Baum des Objektes der Meditation angebunden werden. Findet man, dass der Geist von Dumpfheit und Erregung frei ist und natürlich beim Objekt verweilt, dann sollte man seine Bemühungen lockern und neutral verweilen, so lange dieser Zustand anhält.

Anfänglich bleibt der Geist kaum aufmerksam beim Objekt der Meditation. Bei längerer Übung jedoch und mit der Entwicklung der Gegenmittel gegen mentale Dumpfheit und Erregung nehmen die gröberen Arten dieser Hindernisse an Stärke ab und die subtilen Arten treten mehr in Erscheinung. Setzt man diese Praxis weiter fort und verstärkt die Kraft der eigenen Achtsamkeit und Wachheit, dann kommt der Zeitpunkt, an dem selbst die subtilen Arten dieser Hemmnisse die Meditation nicht mehr trüben. Es kann eine sehr positive Wirkung haben, wenn man einen starken Willen erzeugt, auf angemessene Weise zu meditieren, frei von allen Hindernissen. Schließlich sollte man in der Lage sein, anstrengungslos etwa eine Stunde lang zu meditieren.

Einspitzige Sammlung zuwege zu bringen ist keine leichte Aufgabe. Man muss die Ausdauer besitzen, längere Zeit zu üben. Durch fortdauerndes Üben kann man die Mängel von Körper und Geist nach und nach beseitigen. Mängel meint in diesem Zusammenhang Zustände von Dumpfheit und Schwerfälligkeit von Körper und Geist, die bewirken, dass sie auf die Meditation nicht reagieren oder dafür untauglich sind. Während der Meditierende die neun Stufen des Ruhigen Verweilens entwickelt, werden diese Mängel ganz und gar ausgeräumt. Schließlich erzeugt der Übende mentale Flexibilität, die von physischer Geschmeidigkeit gefolgt wird.

Man sollte verstehen, dass Ruhiges Verweilen verwirklicht wird, wenn man physische und mentale Geschmeidigkeit durch längere Vertrautheit mit der Meditation genießt und der Geist die Kraft erlangt, sich so mit dem Objekt zu befassen, wie er es wünscht.

Ruhig verweilende Meditation ist eine Praxis, die Buddhisten wie Nichtbuddhisten gemeinsam ist. Daher gibt es in Begriffen ihrer bloßen Identität daran nichts Tiefes oder Besonderes. Untersuchen wir jedoch die Natur irgendeines Objektes, sei es nun konventionell oder absolut, dann wird die Meditation des Ruhigen Verweilens sehr wichtig. Ihr Hauptziel ist es, einspitzige Sammlung zu entwickeln. Auch wenn wir Gebete rezitieren oder tantrische Praktiken anwenden, stellt sich die Frage, ob sie wirkungsvoll sind. Sind sie es nicht, dann ist der Hauptgrund unser Mangel an Konzentration. Daher sollten wir einen Geist entwickeln, der im Stande ist, einspitzig bei dem Objekt der Sammlung zu verweilen. Auch wenn wir anfangs nicht in der Lage sind, einen gänzlich ruhig verweilenden Geist zu erzeugen, ist es in den anfänglichen Phasen von entscheidender Bedeutung, möglichst viel mentale Stabilität zu kultivieren, während wir die Sechs Vollkommenheiten, altruistische Ideale und dergleichen praktizieren. Das letzte Ziel des Übens der Meditation des Ruhigen Verweilens ist die Verwirklichung von Spezieller Einsicht.

9. KAPITEL

Die Verwirklichung Spezieller Einsicht

In diesem Text sprechen wir darüber, wie man die Sechs Vollkommenheiten praktiziert, die ein Bodhisattva kultiviert. In diesem Kontext soll die Meditation des Ruhigen Verweilens uns in die Lage versetzen, eine transzendente Spezielle Einsicht zu kultivieren. Haben wir das Ruhige Verweilen entwickelt, müssen wir uns deshalb bemühen, Spezielle Einsicht zu kultivieren.

Nach der Verwirklichung Ruhigen Verweilens meditiere über Spezielle Einsicht, indem du denkst: Alle Lehren Buddhas sind perfekte Lehren, und direkt oder indirekt offenbaren sie uns die Soheit und führen uns mit äußerster Klarheit zu ihr hin. Wer die Soheit begreift, der wird von allen Fallstricken falscher Anschauungen frei sein, so wie die Dunkelheit vertrieben wird, wenn Licht erscheint. Bloße ruhig verweilende Meditation kann unverfälschtes Gewahrsein nicht reinigen, noch kann sie die Verdunkelungen des Geistes beseitigen. Wenn ich auf die richtige Weise mit Weisheit über Soheit meditiere, dann wird unverfälschtes Gewahrsein gereinigt. Nur mit Weisheit kann ich Soheit verwirkli-

chen. Nur mit Weisheit kann ich Verdunkelungen wirksam ausmerzen. Daher werde ich in der Meditation des Ruhigen Verweilens mit Weisheit nach Soheit suchen. Und ich werde mich mit Ruhigem Verweilen allein nicht zufrieden geben.

Das altruistische Denken, das nach höchster Erleuchtung strebt, wird durch Mitgefühl erzeugt. Sobald der Übende eine starke altruistische Motivation hat, praktiziert er verdienstvolle Aktivitäten wie die Meditation Ruhigen Verweilens und Spezielle Einsicht.

Befassen wir uns nunmehr mit der Meditation über Spezielle Einsicht. Um über Spezielle Einsicht, welche die absolute Wirklichkeit erkennt, meditieren zu können, müssen wir die Weisheit entwickeln, die die Selbst-Losigkeit versteht. Bevor wir das tun können, müssen wir nach dem nichtexistenten Selbst suchen und es identifizieren. Wir können uns nicht damit zufrieden geben, nur an seine Abwesenheit zu glauben. Wir müssen uns aus der Tiefe unseres Herzens vergewissern, dass es für die Existenz eines solchen Selbst keine Basis gibt. Es ist möglich, durch reine Wahrnehmung oder durch Beweisführung zu dieser Gewissheit zu gelangen, genau so wie wir uns irgendeines anderen Phänomens, sei es weltlich oder religiös, vergewissern. Kann man ein Objekt berühren, brauchen wir seine Existenz nicht zu beweisen, weil wir es sehen und anfassen können. Doch wo es um verborgene Phänomene geht, müssen wir Logik und verstandesmäßige Argumente verwenden, um ihre Existenz zu erweisen.

Es gibt zwei Arten von Selbst-Losigkeit: die Selbst-Losigkeit von Personen und die Selbst-Losigkeit von Phänomenen. Das zu verneinende Selbst gehört also zwei Kategorien an: das Selbst von Personen und das Selbst von Phänomenen. Eine Person wird in bezug auf die mentalen und physischen Aggregate definiert. Doch für die gewöhnliche Wahrnehmung scheint das Selbst oder die Person der Herr über Körper und Geist zu sein. Die Person scheint somit eine selbstgenügsame Entität oder ein Selbst zu besitzen, die oder das sich nicht auf die mentalen und physischen Aggregate, deren Kontinuität oder deren Teile und dergleichen stützen muss. Diese Vorstellung einer selbstgenügsamen Person, an die wir uns gewöhnlich inbrünstig klammern, ist das Selbst von Personen, das wir zu identifizieren streben. Sie ist das Selbst, das negiert werden soll. Ein Übender kann durch intellektuelle Prozesse zu dem Verständnis gelangen, dass ein solches Selbst nicht existiert. An diesem Punkt entwickelt er oder sie die Weisheit, die die Selbst-Losigkeit von Personen versteht.

Die Selbst-Losigkeit von Phänomenen bezieht sich darauf, dass das wahrgenommene Objekt ebenso wie der wahrnehmende Geist keine wahre Existenz besitzt. Wahrgenommene Objekte sind von der Natur des wahrnehmenden Geistes, scheinen normalerweise jedoch äußerlich zu existieren. Klammern wir uns an jene äußere Existenz, dann wird sie zur Basis für die Entwicklung von Anhaften und Abneigung. Wenn wir andererseits die Wirklichkeit sehen, dass es wahrgenommenen Objekten an äußerer Existenz mangelt und dass sie nur von der Natur des wahrnehmenden Geistes sind, dann wird die Kraft von Verlangen und Animosität natürlich verringert. Die Tatsache, dass es dem wahrgenommenen Objekt an äußerer Existenz mangelt und dass es dem Wahrnehmenden und dem wahrgenommenen Objekt an getrennter Identität oder Substanz mangelt, macht die gröbere Ebene der Selbst-Losigkeit von Phänomenen aus.

Auch dem wahrnehmenden Geist mangelt es an wahrer Existenz. Wenn wir sagen, Dingen mangle es an wahrer Existenz, dann meinen wir, dass Dinge unter dem Einfluss des Geistes existieren, zu dem sie gehören, und dass Objekte von sich aus keine einzigartige oder substantielle Existenz haben. Unserem irrenden Geist scheinen die Dinge von sich aus zu existieren, und wir klammern uns an diesen Schein. In Wirklichkeit jedoch sind die Dinge leer von einer solchen Existenz. Nach dieser Denkschule ist dies die subtile Leere. Daher entwickeln wir durch das Negieren des Anscheins wahrer Existenz der Dinge ein Gefühl für ihre illusorische Natur. Das Begreifen der Wirklichkeit, dass Dinge wie Illusionen sind, wirkt der Erzeugung negativer Emotionen wie Anhaften oder Abneigung entgegen.

Hier erläutert der Autor sehr klar, dass alle Lehren des Buddha letzten Endes als Anweisungen gedacht sind, die den Übenden zur Verwirklichung des Zustands der Erleuchtung führen sollen. Beim Verfolgen dieses Ziels kommt es entscheidend auf ein Verständnis der Soheit an. Der Buddha selbst erlangte Erleuchtung durch Erkennen des Sinnes der absoluten Wahrheit. Es gibt zahlreiche philosophische Anschauungen; folgen wir jedoch der richtigen Sicht, dann können wir Fortschritte auf dem spirituellen Pfad erzielen und Einsicht in die absolute Wahrheit gewinnen. Andererseits führt die falsche Sicht auf den falschen Weg und zu unangenehmen Konsequenzen. Übende, die eine richtige Einsicht in die Sicht der Soheit gewinnen, können alle fälschlichen Anschauungen schon an der Wurzel gründlich ausmerzen.

Was ist Soheit? Es liegt in der Natur aller Phänomene, dass sie letztlich vom Selbst von Personen und vom Selbst von Phänomenen leer sind. Das wird durch die Vollkommenheit der Weisheit und auf keine andere Weise verwirklicht. Das »Sūtra über das Entwirren der Gedanken« sagt: »›O Tathāgata, durch welche Vollkommenheit begreifen Bodhisattvas die Identitätslosigkeit von Phänomenen?‹ – ›Avalokiteshvara, man begreift sie durch die Vollkommenheit der Weisheit.‹« Deshalb meditiere über die Weisheit, während du Ruhiges Verweilen übst.

Soheit bezieht sich auf die Selbst-Losigkeit von Personen wie von Phänomenen, hauptsächlich jedoch auf die Selbst-Losigkeit von Phänomenen. Wenn sie die Lehre von der Soheit auslegen, unterscheiden sich die Gelehrten in ihren Interpretationen. Nach dem vorliegenden Text ist die Selbst-Losigkeit von Phänomenen subtiler als die Selbst-Losigkeit von Personen. Eine Person wird im Hinblick auf die mentalen und physischen Aggregate definiert. Sprechen wir von der Selbst-Losigkeit einer Person, dann meinen wir mit »Person« eine selbstgenügsame Person, die aus sich heraus existiert, ohne von den Aggregaten abhängig zu sein. Eine solche Person existiert nicht einmal auf einer konventionellen Ebene. Daher nennt man das Leersein von einer solchen Identität die Selbst-Losigkeit von Personen.

Der große Kamalashīla, ein berühmter Schüler des hoch geachteten Shāntarakshita, gehörte zur Denkschule der Yogāchāra-Svātantrika-Mādhyamika. Diese Schule postuliert zwei Ebenen der Selbst-Losigkeit von Phänomenen, die subtile und die grobe. Die Nichtdualität von Subjekt und Objekt oder des Wahrnehmenden und des Wahrgenommenen ist die grobe Ebene der Soheit, während das Betrachten aller Phänomene als leer von wahrer Existenz die subtile Ebene der Soheit ist. Von allen Sūtras, die der Buddha gelehrt hat, behandeln die Sūtras von der »Vollkommenheit der Weisheit« dieses Thema besonders tief schürfend.

Es ist äußerst wichtig, die Vorstellungen vom »Ich«, von der Selbst-Losigkeit von Personen sowie der Selbst-Losigkeit von Phänomenen gründlich zu untersuchen. Jeder Einzelne von uns hat ein angeborenes und spontanes Gefühl von »Ich«. Dieses Ich ist es, was Glück und Trauer empfindet und auch zum Entstehen von Glück und Trauer führt. Schon seit uralten Zeiten haben verschiedene Denkschulen verschiedenartige Anschauungen über die Weise dargelegt, auf die das »Ich« existiert.

Eine der alten philosophischen Schulen Indiens sieht im Selbst oder »Ich« den Benutzer und in den mentalen und physischen Aggregaten die zu benutzenden Objekte. Dementsprechend werden das Selbst und die Aggregate als unterschiedliche Entitäten betrachtet.

Nach Ansicht anderer Philosophen ist das Selbst eine dauerhafte, einzelne und unabhängige Entität. Das Selbst ist das, was aus früheren Leben herkommt und zum nächsten Leben wandert, wenn die mentalen und physischen Aggregate sich zum Zeitpunkt des Todes auflösen. Ich habe den Eindruck, dass andere Religionen wie das Christentum ebenfalls an ein Selbst glauben, das dauerhaft, einzig und unabhängig ist; dieser Glaube impliziert, dass ein solches Selbst nicht von seinen Aggregaten abhängig ist oder sich auf diese stützt. Keine der vier Denkschulen innerhalb des Buddhismus glaubt an ein solches Selbst. Sie verneinen, dass das Selbst irgendeine substantielle Existenz unabhängig von den mentalen und physischen Aggregaten besitzt.

Nichtsdestoweniger existiert das Selbst nach der buddhistischen Philosophie tatsächlich. Wollten wir behaupten, das Selbst existiere überhaupt nicht, dann würden wir schlicht der allgemeinen Wahrnehmung widersprechen. Wir sollten untersuchen und analysieren, *auf welche Weise* das Selbst existiert. Durch logische Analyse können wir feststellen, dass das Selbst in Abhängigkeit von den mentalen und physischen Aggregaten existiert. Verschiedene Schulen liefern verschiedene Ebenen der Interpretation der Aggregate, doch besteht allgemeine Übereinstimmung darüber, dass die Wahrnehmung des Selbst auf der Grundlage der Wahrnehmung der Aggregate zustande kommt. Anders ausgedrückt: Die Existenz des Selbst kann nur in Abhängigkeit von den Aggregaten postuliert werden.

Warum geben wir uns solche Mühe, nach dem Selbst oder »Ich« zu suchen und die Natur seiner Existenz zu erforschen? Im Großen und Ganzen meinen wir, dass die Menschen zwei Lagern angehören: Die einen sind »auf unserer Seite«, die anderen gehören zur anderen Seite. Wir fühlen uns denen verbunden, die auf unserer Seite sind, und erzeugen Animosität gegenüber denen auf der anderen Seite. Motiviert durch Anhänglichkeit und Animosität begehen wir eine Reihe von negativen Handlungen von Körper, Rede und Geist. An der Wurzel all dieser unheilsamen und ungesunden Gedanken und Handlungen finden wir das Gefühl des »Ich« oder Selbst. Intensität und Umfang unserer negativen Handlungen hängen davon ab, wie stark wir an der fälschlichen Auffassung eines Selbst festhalten. Es ist wichtig zu erkennen, dass dieses Festhalten am »Ich« angeboren ist. Und dennoch: Wenn du nach dem »Ich« suchst und es festzunageln versuchst, kannst du kein selbstgenügsames »Ich« finden, das die Kontrolle über die mentalen und physischen Aggregate hat.

Wegen dieser angeborenen fälschlichen Auffassung vom »Ich« haben wir eine endlose Aufeinanderfolge von Begierden. Einige von ihnen sind ganz besonderer Art. Ein gewöhnlicher Mensch erkennt die physische Schönheit oder Intelligenz eines anderen und wünscht sie gegen die minderen eigenen Eigenschaften auszutauschen. Die wahre Weise der Existenz des Selbst ist die, dass es in Beziehung zu seinen Ursachen und anderen Faktoren »beigelegt« (unterstellt) wird. Wir versuchen nicht, die Empfindung eines Selbst oder »Ich« als solche zu leugnen, doch sollten wir in jedem Fall im Stande sein, Stärke oder Intensität unserer Empfindung eines selbstgenügsamen »Selbst« zu verringern.

Yogis sollten auf folgende Weise analysieren: Eine Person wird nicht als von den mentalen und physischen Aggregaten, den Elementen und Sinneskräften getrennt beobachtet. Auch ist eine Person nicht von der Natur der Aggregate und so weiter, weil die Aggregate und so weiter viele und vergänglich sind. Andere haben die Person als beständig und einzig unterstellt. Die Person als ein Phänomen kann nicht existieren außer als eine oder viele, weil es keine andere Art von Existenz gibt. Daher müssen wir schlussfolgern, dass die Behauptung des weltlichen »Ich« und »mein« ganz und gar falsch ist.

Es gibt kein Selbst oder keine Person, die isoliert von den mentalen und physischen Aggregaten existiert. Das bedeutet, dass eine Person in Abhängigkeit von den Aggregaten existiert. Das lässt sich gut durch Beobachtung unserer alltäglichen Konventionen verstehen. Wenn der Körper und andere Bestandteile jung sind, dann sagen wir, eine Person sei jung. Altern sie, dann sagen wir, die Person sei alt. Diese konventionellen Formulierungen stimmen mit der Tatsache überein, dass die Person in Abhängigkeit von den Aggregaten existiert.

Meditation über die Selbst-Losigkeit von Phänomenen sollte auch auf folgende Weise erfolgen: Phänomene werden, kurz gesagt, zu den Fünf Aggregaten, den Zwölf Quellen der Wahrnehmung und den Achtzehn Elementen gezählt. Die physischen Aspekte der Aggregate, Quellen der Wahrnehmung und Elemente sind im letzten Sinne nichts anderes als Aspekte des Geistes. Das ist aus folgendem Grunde so: Werden sie in subtile Teilchen zerlegt und wird die Natur der Teile dieser subtilen Teilchen individuell untersucht, dann lässt sich keine definitive Identität finden.

»Phänomene« meint hier alles, was eine Person erfreut oder von ihr benutzt wird, etwa die Fünf mentalen und physischen Aggregate, die Zwölf Quellen der Sinne und die Achtzehn Elemente. Alle diese äußeren Objekte, etwa physische Form und so weiter, scheinen eine vom wahrnehmenden Geist getrennte Identität zu haben. In Wahrheit ist dies jedoch nicht der Fall. Würden sie eine vom wahrnehmenden Geist getrennte Identität besitzen, dann wären die beiden, das Phänomen und der wahrnehmende Geist, *per definitionem* völlig zusammenhanglose Entitäten. Das würde auch der Vorstellung widersprechen, dass Dinge vom wahrnehmenden Geist postuliert werden. Das wahrgenommene Objekt besitzt keine vom wahrnehmenden Geist getrennte Identität. Besäßen Dinge wie die physische Form eine äußere Existenz, dann müssten wir diese noch auffinden können, selbst nachdem wir die Bestandteile der Form Stück für Stück entfernt haben. Da dies nicht der Fall ist, können wir schlussfolgern, dass Dinge bar jeder äußeren Existenz sind. Das impliziert auch, dass das wahrgenommene Objekt und der wahrnehmende Geist nicht als getrennte Entitäten existieren. Daher sagen Vertreter dieser Denkschule, es gebe keine äußere Existenz, abgesehen davon, dass sie von derselben Natur wie der Geist ist.

Der gewöhnliche Mensch hat die physische Form seit undenklichen Zeiten falsch aufgefasst. Deshalb scheinen Formen und dergleichen vom Geist getrennt und außerhalb seiner zu bestehen, ebenso wie die physischen Formen, die in Träumen auftauchen. Im endgültigen Sinne sind physische Form und dergleichen nichts anderes als Aspekte des Geistes.

Daher bezieht Soheit oder Leere sich auf das Fehlen einer substantiellen Trennung zwischen dem subjektiven Geist und dem von diesem Geist wahrgenommenen Objekt. Das ist so aus folgendem Grunde: Werden physische Dinge in kleinste Teilchen zerlegt und man forscht nach der Identität dieser Teilchen, dann lässt sich keine definitive Identität oder Selbst festnageln. Diese Anschauung der Chittamātra- oder Nur-Geist-Schule ähnelt, mit einigen subtilen Unterschieden, sehr der Anschauung der Yogāchāra-Svāntrīka-Mādhyamika. Allerdings ist diese Anschauung für die späteren Mādhyamika-Schulen nicht akzeptabel. Daher erklären die folgenden Zeilen die exklusive philosophische Sicht der Mādhyamika.

Im endgültigen Sinne kann auch der Geist nicht wirklich sein. Wie könnte der Geist, der nur die falsche Natur physischer Form und so weiter auffasst und in verschiedenen Aspekten in Erscheinung tritt, wirklich sein? Ebenso wie physische Formen und so weiter falsch sind – da der Geist nicht von physischer Form und so weiter, die falsch sind, getrennt existiert, ist auch er selbst falsch. Ebenso wie physische Formen und so weiter verschiedene Aspekte besitzen und ihre Identitäten weder eins noch viele sind, genauso ist seine Identität weder eins noch viele, da der Geist von ihnen nicht verschieden ist. Darum ist der Geist seiner Natur nach wie eine Illusion.

Selbst unter den buddhistischen Denkschulen gibt es unterschiedliche Auslegungen der Bedeutung von Leere. Die Interpretation der Chittamātra-Schule ist für die Vertreter der Madhyamaka-Philosophie nicht akzeptabel. Die Vertreter der Chittamātra-Schule haben wiederum ihre eigene Logik, um den Standpunkt der Mādhyamika zurückzuweisen. Wir müssen eine umfassendere Perspektive entwickeln, um statt der Fragmente der buddhistischen Philosophie ihre Ganzheit zu sehen. Die von den niederen Schulen dargelegten Anschauungen sollten den Übenden direkt oder indirekt helfen, die Anschauungen der höheren Schulen zu erkennen. Der obige Abschnitt behandelt die Selbst-Losigkeit von Phänomenen, wie sie ausschließlich von der

Mādhyamika-Schule dargestellt wird. Nach dieser Schule ist jedes Phänomen nur ein vom Geist zugeschriebenes Etikett. Es ist nicht nur äußere Existenz, die bar jeder wahren Existenz ist, sondern auch der Geist, der die verschiedenen Kategorien falscher Phänomene wahrnimmt. Auf diese Weise behaupten die Mādhyamika, dass es allen Phänomenen, inneren wie äußeren, an wahrer Existenz mangelt, dass sie also nicht in einem endgültigen Sinn existieren. Wenn Dinge dem Geist erscheinen, dann scheinen sie wahrhaft zu existieren, doch mangelt es ihnen in Wirklichkeit an einer solchen Identität. Es besteht eine Diskrepanz zwischen der Weise, in der Dinge erscheinen, und der Art, auf die sie existieren. Eine solche Diskrepanz ist als endgültige Natur eines Phänomens unannehmbar. Daher sind alle Phänomene bar wahrer Existenz.

Analysiere, dass, ebenso wie der Geist, auch die Natur aller Phänomene einer Illusion gleicht. Wird die Identität des Geistes spezifisch durch Weisheit untersucht, dann wird sie im endgültigen Sinne weder innen noch außen wahrgenommen. Sie wird auch nicht in Abwesenheit beider wahrgenommen. Weder der Geist der Vergangenheit noch der der Zukunft oder der der Gegenwart wird wahrgenommen. Wird der Geist geboren, dann kommt er aus dem Nirgendwo, und wenn er aufhört, geht er nirgendwohin, weil er nicht-wahrnehmbar, nicht-vorzeigbar und nicht-physisch ist. Fragt ihr: »Was ist die Entität von dem, was nicht-wahrnehmbar, nicht-vorzeigbar und nicht-physisch ist?«, dann sagt das »Juwelenhaufen-Sūtra« dazu: »O Kāshyapa, wenn man gründ-

lich nach dem Geist sucht, ist er unauffindbar. Was unauffindbar ist, kann man nicht wahrnehmen. Und was nicht wahrgenommen wird, ist weder Vergangenheit noch Zukunft noch Gegenwart.« Durch eine solche Analyse wird der Beginn des Geistes letztendlich nicht gesehen, das Ende des Geistes wird letztendlich nicht gesehen, und die Mitte des Geistes wird letztendlich nicht gesehen.

Alle Phänomene sollten dahingehend verstanden werden, dass es ihnen an einem Ende und einer Mitte mangelt, ebenso wie der Geist weder Ende noch Mitte hat. Mit dem Wissen, dass der Geist ohne Ende oder Mitte ist, ist keine Identität des Geistes wahrzunehmen. Auch das, was vom Geist gründlich erkannt wird, wird als leer erkannt. Durch diese Erkenntnis wird die eigentliche Identität, die wie die Identität einer physischen Form und so weiter als ein Aspekt des Geistes erwiesen wird, ebenfalls letztendlich nicht wahrgenommen. Auf diese Weise wird die Person, wenn sie letztlich nicht die Identität aller Phänomene durch Weisheit erkennt, auch nicht analysieren, ob eine physische Form dauernd oder vergänglich, leer oder nichtleer, verunreinigt oder nichtverunreinigt, erzeugt oder nichterzeugt, existent oder nichtexistent ist. Ebenso wie die physische Form nicht untersucht wird, werden dementsprechend Gefühle, Erkennen, Faktoren der Zusammensetzung und Bewusstsein nicht untersucht. Wenn das Objekt nicht existiert, können auch seine Eigenschaften nicht existieren. Wie könnte man sie dann untersuchen?

Obiger Absatz befasst sich mit der absoluten Wirklichkeit. Sein Sinn ist, dass das Objekt der Beilegung im endgültigen Sinne nicht auffindbar ist. In diesem Kontext finden wir im »Herz-Sūtra« Sätze wie den folgenden: »Es gibt keine physische Form, keinen Klang, keinen Geruch, keinen Geschmack und kein Objekt des Tastsinns.« Auch der Geist ist letztendlich nicht auffindbar. Da solche Dinge im endgültigen Sinne nicht existent sind, gibt es keinen Anlass zu untersuchen, ob sie dauerhaft oder vergänglich sind. Letztlich sind alle Phänomene, einschließlich der Aggregate und dergleichen, bar jeder wahren Existenz. Innerhalb der Vorstellung absoluter Wirklichkeit sind die Dinge bar jeder wahren Existenz. Auf die gleiche Weise ist Soheit, eine Eigenschaft von Phänomenen, ebenfalls bar jeglicher wahren Existenz. Das ist ein wichtiger Punkt. Selbst wenn wir begreifen, dass Phänomene wie physische Form und so weiter bar jeder wahren Existenz sind, besteht die Gefahr, dass wir denken, die absolute Wirklichkeit könnte wahrhaft existieren.

Also widmet sich die Person, wenn sie die Entität eines Dings nicht unwiderlegbar als endgültig existierend begreift, nachdem sie es mit Weisheit untersucht hat, der nichtbegrifflichen einspitzigen Sammlung. Und auf diese Weise wird die Identitätslosigkeit aller Phänomene erkannt.

Obiger Absatz vermittelt uns, was es bedeutet, Selbst-Losigkeit zu erkennen. Die Weisheit, die die Selbst-Losigkeit erkennt, muss die Selbst-Losigkeit erweisen. Es geht nicht einfach nur darum, keine fälschlichen Ansichten über das Selbst mehr zu haben. So fasst zum

Beispiel der Geist Dinge wie physische Formen verschiedenartig auf. Es gibt einen Geist, der physische Form als wahrhaft existent auffasst. Ein anderer fasst sie so auf, als hätte sie die Attribute wahrer Existenz. Wieder ein anderer fasst sie auf als etwas mit Attributen, denen wahre Existenz mangelt. Und schließlich gibt es einen Geist, der sie auffasst, ohne ihr irgendwelche Attribute wahrer Existenz oder nichtwahrer Existenz zuzuschreiben. Dementsprechend muss die analysierende Weisheit das zu widerlegende Selbst unterscheiden. Nach der Widerlegung dieses Selbst wird dessen Gegenteil, Selbst-Losigkeit, verwirklicht.

Diejenigen, die nicht mit Weisheit durch spezifisches Analysieren der Entität der Dinge, sondern nur über das Beseitigen mentaler Aktivität meditieren, können begriffliches Denken nicht vermeiden und können auch Identitätslosigkeit nicht erkennen, weil ihnen das Licht der Weisheit fehlt. Wird durch die individuelle Analyse der Soheit das Feuer eines Bewusstseins erzeugt, das die Phänomene erkennt, wie sie sind, dann wird es wie das Feuer, das aus dem Reiben von Holz entsteht, das Holz des begrifflichen Denkens verbrennen. Der Buddha hat auf diese Weise gesprochen.

Um die wahre Natur der Dinge verstehen zu können, ist von entscheidender Bedeutung, dass ein Übender beim Vorgang des Prüfens Intelligenz und Weisheit walten lässt. Wie der Autor klar feststellt, stellt das bloße Ausschalten mentaler Aktivität keine Meditation über Soheit dar. Bleibt er oder sie mental untätig, dann mag das Individuum zwar nicht das Selbst missverstehen, aber ihm oder ihr fehlt jeder Sinn für das Unterscheiden der Selbst-Losigkeit. Die Weisheit, die Selbst-Losigkeit erkennt, wirft kein Licht, weshalb der Einzelne nicht frei von der Fabrikation von fälschlichen Anschauungen ist. Daher müssen wir Funken der Weisheit erzeugen, die uns in die Lage versetzen, die Selbst-Losigkeit auszuloten.

Im »Juwelenhaufen-Sūtra« heißt es auch: »Wer im Unterscheiden von Fehlern geübt ist, der widmet sich dem Yoga der Meditation über die Leere, um sich von allen begrifflichen Hervorbringungen zu befreien. Sucht eine solche Person gründlich nach dem Objekt und der Identität des Objektes, das den Geist erfreut und ihn ablenkt, dann erkennt sie es dank ihrer wiederholten Meditation über die Leere als leer. Und wenn genau dieser Geist ebenfalls untersucht wird, erkennt man ihn als leer. Sucht man gründlich nach der Identität dessen, was von diesem Geist erkannt wird, dann erkennt man auch diese als leer. Erkennt man auf diese Weise, so tritt man in den Yoga der Merkmallosigkeit ein. Das zeigt, dass nur diejenigen, die selbst eine vollständige Analyse durchgeführt haben, in den Yoga der Merkmallosigkeit eintreten können.

Es wurde bereits sehr klar dargelegt, dass man durch bloßes Beseitigen mentaler Aktivität, ohne die Identität der Dinge mit Weisheit zu prüfen, keine nichtbegriffliche Meditation ausüben kann. Man übt also Sammlung, nachdem die tatsächliche Identität von Dingen wie physische Form und so weiter vollkommen mit Weisheit analysiert wurde, und nicht, indem man sich auf physische Form und so weiter sammelt. Die Sammlung erfolgt auch nicht, indem man zwischen dieser Welt und der jenseitigen Welt verweilt, weil physische Formen und so weiter nicht wahrgenommen werden. Daher nennt man das Nichtverweilende Sammlung.

[Einen solchen Übenden] nennt man dann einen Meditierenden von Höchster Weisheit, weil er durch spezifisches Untersuchen der Identität aller Dinge mit Weisheit nichts wahrgenommen hat. Das ist es, was im »Sūtra des Raum-Schatzes« und im »Kronjuwel-Sūtra« festgestellt wird.

Wird er untersucht, dann begreift man den wahrnehmenden Geist als leer, und die Objekte des Geistes sind ebenfalls leer von wahrer Existenz. Ein Übender mit einem solchen Wissen widmet sich dem, was man merkmallosen Yoga nennt. Letztendlich sind alle beigelegten Phänomene – einschließlich Objekte der Wahrnehmung wie physische Form – sowie der wahrnehmende Geist leer von jeder Selbst-Identität. Es ist wichtig zu wissen, dass es ganz entscheidend darauf ankommt, zunächst eine gründliche Analyse durchzuführen, um in nichtbegriffliche Versenkung eintreten zu können. Sucht man durch unterscheidende Weisheit nach den Objekten der Beilegung, dann ist nichts auffindbar. Der wahre Sinn des Verstehens der Selbst-Losigkeit muss in der richtigen Perspektive gewürdigt werden. Bloße Abwesenheit von mentaler Aktivität stellt noch kein Verständnis von Selbst-Losigkeit dar. Bloße Abwesenheit einer fälschlichen Auffassung eines Selbst impliziert noch kein Wissen um die Selbst-Losigkeit. Selbst-Losigkeit wird von der Weisheit verstanden, die herausfindet, dass es sowohl dem wahrnehmenden Geist als auch dem wahrgenommenen Objekt an jeglicher Selbst-Identität im endgültigen Sinne mangelt. Diese Erkenntnis dämmert dem Übenden nach gründlicher und unterscheidender Prüfung und Analyse auf.

Auf diese Weise wird man durch Eintreten in die Soheit der Selbst-Losigkeit von Personen und Phänomenen frei von Begriffen und Analysen, weil es nichts gibt, was gründlich geprüft und beobachtet werden muss. Man ist frei von Ausdruck und tritt mit einspitziger mentaler Ausrichtung automatisch in die anstrengungslose Meditation ein. So meditiert man sehr klar über die Soheit und verweilt darin. Während des Verweilens in dieser Meditation sollte die Kontinuität des Geistes nicht abgelenkt werden. Wird der Geist durch Anhaften und dergleichen auf äußere Objekte abgelenkt, dann sollte man diese Ablenkung bemerken. In einem solchen Fall beruhige diese Ablenkung schnell durch Meditieren über die abstoßenden Aspekte solcher Objekte und kehre mit dem Geist schnell zur Soheit zurück.

Scheint der Geist abgeneigt, das zu tun, dann meditiere voller Freude, indem du über die Vorteile einspitziger Sammlung nachdenkst. Die Abneigung sollte auch dadurch beruhigt werden, dass man die Nachteile der Ablenkung zur Kenntnis nimmt.

Wird das Funktionieren des Geistes unklar und beginnt abzunehmen oder besteht die Gefahr des Abnehmens, weil du von mentaler Trägheit oder Schlaf überwältigt wirst, dann versuche wie zuvor solche Trägheit schnell durch Sammlung des Geistes auf äußerst erfreuliche Dinge zu überwinden. Dann sollte man sich ganz eng auf die Soheit des Objekts sammeln. Zu Zeiten, in denen man beobachtet, dass der Geist aufgeregt wird oder in Versuchung gerät, durch Erinnerung an vergangene Geschehnisse wie Gelächter oder Spiele abgelenkt zu werden, dann beruhige diese Ablenkung wie schon in früheren Fällen durch Reflexionen über Dinge wie Vergänglichkeit. Das wird dazu beitragen, den Geist zu beruhigen. Danach bemühe dich wieder, den Geist ohne Anwendung von Gegenkräften auf die Soheit zu sammeln.

Diese Zeilen erläutern die Methode der Meditation über Spezielle Einsicht im Hinblick auf die absolute Wirklichkeit. Der Geist, der sich einspitzig auf Soheit sammelt, sieht nichts als Leerheit, nachdem er das zu widerlegende Objekt zurückgewiesen hat. Diesem Geist erscheint nichts als Leere. Der in Selbst-Losigkeit versunkene Geist gibt die Basis aller falschen Anschauungen auf. Daher bezeichnet man ihn als einen Geist frei von Begriffen und Analyse, einen einspitzigen Geist jenseits allen Ausdrucks. Meditiert der einspitzige Geist über Soheit, wird er als »In Soheit versunken« und »In Soheit eintretend« beschrieben. Wird durch längeres Üben Klarheit erlangt, dann sollte die Meditation ohne Ablenkung fortgesetzt werden. Selbst-Losigkeit nur einmal zu erkennen ist nicht genug. Man sollte sich bemühen, die Ausrichtung auf das Verstehen beizubehalten. Die Meditation über Spezielle Einsicht wird kraft analytischer Weisheit entwickelt, und durch die Kraft solcher Analyse wird mentale und physische Ekstase erzeugt.

Wie schon zuvor im Kontext der Meditation Ruhigen Verweilens erörtert, sollte der Übende der sich einmischenden Kräfte gewahr sein. Verliert man im Prozess analytischer Meditation die Klarheit des Objekts, dann wird der Geist auf andere Objekte abgelenkt. Schwinden Schärfe oder Intensität dahin, dann ist Dumpfheit entstanden. Behindern diese Hemmnisse deine Meditation, dann solltest du die erforderlichen Gegenmittel einsetzen. In dieser Hinsicht stellt Kamalashīla klar, dass man über abstoßende Aspekte des Objekts und über Vergänglichkeit meditieren sollte, wenn der Geist durch äußere Objekte als Resultat eines Verlangens abgelenkt wird. Fehlt es dem Geist des Übenden unter dem Einfluss von mentaler Dumpfheit und Schlaf an Klarheit, dann sollten er oder sie über höchst erfreuliche Objekte meditieren, etwa ein Buddha-Bildnis. Durch Einsatz solcher Gegenmittel werden die störenden Kräfte besänftigt und wird die Meditation gefördert.

Wenn und sobald der Geist sich spontan der Meditation über Soheit widmet, frei von Absinken und mentaler Erregung, dann sollte er ganz natürlich belassen werden und deine Bemühung sollte sich entspannen. Übt man angestrengt, wenn der Geist sich in meditativem Gleichgewicht befindet, wird das den Geist ablenken. Wird jedoch keine Mühe aufgewendet, wenn der Geist dumpf wird, wird er dank äußerster Dumpfheit wie ein Blinder werden und du wirst keine Spezielle Einsicht gewinnen. Wird der Geist also dumpf, strenge dich an, ist er in Versunkenheit, entspanne die Anstrengung. Wird beim Meditieren über Spezielle Einsicht übermäßig Weisheit erzeugt und ist das Ruhige Verweilen schwach, wird der Geist wie die Flamme einer Butterlampe im Wind flackern und man wird die Soheit nicht klar erkennen. Deshalb meditiere zu diesem Zeitpunkt über Ruhiges Verweilen. Wird die Meditation über Ruhiges Verweilen exzessiv, meditiere über Weisheit.

Hier hat der Autor mit klaren und deutlichen Begriffen Folgendes erläutert: Kann der Übende den Geist einspitzig auf Soheit sammeln, frei von mentaler Dumpfheit und Erregung, sollte er oder sie die Meditation fortsetzen. Kann man nach der Analyse durch die die Soheit verstehende Weisheit den Geist weiterhin auf Soheit gerichtet halten, sollte man der Meditation erlauben, ihren natürlichen Verlauf zu nehmen. Ist die Meditation frei von mentaler Unruhe und Dumpfheit, wäre die Anwendung von Gegenmitteln nur kontraproduktiv.

Bis man Spezielle Einsicht in die Soheit erlangt, kommt es sehr darauf an, ein Gleichgewicht zwischen der analytischen und der konzentrativen Meditation zu bewahren. Durch analytische Meditation erlangt man ein Verständnis der Selbst-Losigkeit. Die Stärke dieses Wissens sollte durch einspitzige Sammlung ergänzt werden. Übermäßige Analyse schadet der Sammlung, und übermäßige Sammlung vermindert die analytische Weisheit. Also praktiziere man eine harmonische Mischung der beiden Arten von Meditation. Nach und nach wirst du dann die Vereinigung von Spezieller Einsicht und ruhig verweilender Meditation erlangen.

10. KAPITEL

Die Vereinigung von Methode und Weisheit

Kommen beide in gleichem Maße zum Tragen, dann halte still, mühelos, solange es physisch oder mental nicht unangenehm ist. Entsteht physisches oder mentales Unbehagen, dann sieh die ganze Welt als eine Illusion, eine Täuschung, einen Traum, eine Spiegelung des Mondes im Wasser und als eine Erscheinung. Und denke Folgendes: »Diese fühlenden Wesen sind im Existenzkreislauf sehr geplagt, weil sie solch tiefes Wissen nicht verstehen. Danach erzeuge Großes Mitgefühl und den Erweckenden Geist des Bodhichitta, mit dem Gedanken: »Ich werde mich ernsthaft bemühen, ihnen zu helfen, Soheit zu verstehen.« Ruhe dich aus. Dann widme dich auf dieselbe Weise der einspitzigen Sammlung auf das Nichterscheinen aller Phänomene. Ist der Geist entmutigt, dann ruhe dich ebenfalls aus. Dies ist der Pfad der Herbeiführung einer Vereinigung von ruhig verweilender Meditation und Spezieller Einsicht. Er sammelt sich begrifflich und nichtbegrifflich auf das Bild.

Hier erläutert der Text, wie man Spezielle Einsicht erlangt, nachdem man Ruhiges Verweilen erreicht hat. Von diesem Ausgangspunkt aus kann man sich dem Üben der Vereinigung von Spezieller Einsicht und Ruhigem Verweilen widmen. Anders ausgedrückt: Man übt sowohl einspitzige Meditation als auch analytische Meditation. Beim Üben dieser Meditationen ist es nicht klug, zu enthusiastisch zu sein. Man sollte auf seine physische und mentale Gesundheit achten. Die Meditationssitzung sollte nicht zu lange dauern. Bevor man sich zum Meditieren hinsetzt, sollte man alles nur Erdenkliche tun, um seinen Körper vor Extremen von Kälte und Hitze zu schützen. Wird man von einer langen Meditation müde, sollte man die einspitzige Meditation aussetzen und daran denken, dass alle Phänomene Illusionen, Täuschungen und dergleichen sind. Man kann auch an Mitgefühl für alle im Existenzkreislauf herumirrenden Wesen denken. Mit derart heilsamen Gedanken motiviere man sich, fühlenden Wesen zur Erkenntnis der Natur der Wirklichkeit zu verhelfen.

Mache erneut eine Pause, und nimm dann die Übung der Sammlung auf das Nichterscheinen aller Erscheinungen (Phänomene) auf, also die Meditation über Selbst-Losigkeit. Das solltest du aus folgendem Grund tun: Meditiert man einspitzig über Selbst-Losigkeit, dann hören konventionelle Phänomene auf, deinem Geist zu erscheinen. Wird dein Geist als Ergebnis solcher Meditation müde, dann solltest du erneut eine Pause einlegen. Dann setze wiederum deine Meditation über die Vereinigung von Spezieller Einsicht und Ruhigem Verweilen fort, die man auch die Sammlung auf die begriffliche und nichtbegriffliche Reflexion nennt.

Derart fortschreitend, sollte ein Yogi also eine Stunde lang über Soheit meditieren, oder während einer halben Nachtsitzung, oder während einer vollen Sitzung, oder solange es angenehm ist. Das ist die meditative Stabilisierung, die gründlich das Absolute erkennt, wie es im »Sūtra über den Abstieg nach Lanka« gelehrt wird.

Wenn du dich dann aus deiner Sammlung erheben willst, dann denke noch mit überkreuzten Beinen Folgendes: »Auch wenn es allen diesen Phänomenen letztlich an Identität mangelt, existieren sie konventionell doch ganz unzweifelhaft. Wäre das nicht der Fall, wie könnte es dann eine Beziehung zwischen Ursache und Wirkung geben? Der Buddha hat auch gesagt:

Dinge werden konventionell erzeugt,
doch fehlt es ihnen letztlich an innewohnender Identität.

Fühlende Wesen mit einer kindlichen Einstellung überbewerten die Phänomene; sie meinen, sie hätten eine innewohnende Identität, wo es ihnen doch daran mangelt. Dass sie so Dingen eine innewohnende Existenz zuschreiben, denen sie fehlt, verwirrt ihren Geist, und sie wandern lange Zeit im Existenzkreislauf. Aus diesen Gründen werde ich mich ohne Nachlassen bemühen, den allwissenden Zustand zu erlangen, und zwar durch unübertroffenes Anhäufen von Verdienst und Einsicht, um ihnen zu helfen, Soheit zu erkennen.«

Dann erhebe dich langsam aus der Haltung mit überkreuzten Beinen, und werfe dich vor den Buddhas und Bodhisattvas der Zehn Richtungen nieder. Opfere ihnen und lobpreise sie. Und sprich unermessliche Gebete, indem du das »Gebet des Edlen Verhaltens« und Ähnliches rezitierst. Danach unternimm bewusste Anstrengungen, das Anhäufen von Verdienst und Einsicht zu verwirklichen, indem du Gebefreudigkeit und so weiter praktizierst, Eigenschaften, die mit der Essenz von Leere und Großem Mitgefühl ausgestattet sind.

Nachdem du dich aus der meditativen Versenkung erhoben hast, sprich angemessene Widmungsgebete. Während der postmeditativen Periode sollte der Übende gleichen Wert auf Gebefreudigkeit und andere Praktiken legen. Während dieser Zeit müssen Abhängiges Entstehen und Leere als auswechselbar verstanden werden. Leere bedeutet in diesem Kontext, dass es den Dingen an eigener innewohnender Selbst-Identität mangelt; sie bedeutet nicht Nichtexistenz. Daher bedeutet sie kein Versinken ins Extrem des Nihilismus. Jemand, der auf die richtige Weise den Mittleren Weg der Mādhyamika-Philosophie auslotet, beseitigt auf natürliche Weise beide Extreme. Das bedeutet, dass es für jemanden, der die Philosophie der Leere begreift, keinen Widerspruch gibt, wenn er das Gesetz von Ursache und Wirkung auf der konventionellen Ebene konstatiert. Im Gegenteil: Man erlangt größere Gewissheit des Funktionierens des Gesetzes von Ursache und Wirkung, wenn unsere Kenntnis der Leere vertieft wird.

Leere bedeutet nicht Nichtsein; sie bedeutet, dass die Dinge leer von innewohnender Existenz sind. Während der postmeditativen Periode sollte der Übende daher Verdienst anhäufen, welches das Praktizieren von Einsicht während der Meditation ergänzt.

Handelst du auf diese Weise, dann wird deine meditative Stabilisierung jene Leere verwirklichen, die die besten aller Eigenschaften besitzt. Im »Kronjuwel-Sūtra« heißt es: »Gekleidet in die Rüstung Liebender Güte und im Zustand Großen Mitgefühls verweilend, sollst du die meditative Stabilisierung praktizieren, die die Leere mit den besten aller Eigenschaften verwirklicht. Was ist die Leere mit den besten aller Eigenschaften? Es ist die, welche nicht von Gebefreudigkeit, Ethik, Geduld, Bemühen, meditativer Stabilisierung, Weisheit oder Geschickten Mitteln abgetrennt ist.« Bodhisattvas müssen sich auf verdienstvolle Praktiken wie Großzügigkeit stützen, als Mittel, alle fühlenden Wesen gründlich reifen zu lassen, und um den Ort, den Körper und das umfangreiche Gefolge zu vervollkommnen.

Höchste Leere bezieht sich auf die Weisheit, die die Leere unmittelbar erkennt und die durch die Praxis der Methodeaspekte unterstützt wird. Man beachte, dass die Praxis von Gebefreudigkeit und der anderen Vollkommenheiten von wesentlicher Bedeutung ist. Das ist so, weil der voll erleuchtete Zustand der Buddhaschaft durch die Verwirklichung günstiger Ursachen und Bedingungen erzeugt wird. Es gibt keine Erzeugung ohne Ursache, und nichts wird durch gegensätzliche Ursachen geschaffen. Ein Bodhisattva verfügt über viele wundervolle Vorteile, um zum Wohlergehen der fühlenden Wesen beitragen zu können. Jede von einem solchen edlen Wesen ausgeübte verdienstvolle Tat ist sehr machtvoll und wirksam. Daher widmen sich Bodhisattvas ernsthaft der Praxis der Methodeaspekte des Weges, einschließlich der Sechs Vollkommenheiten, um den Zustand der Buddhaschaft schnell zu verwirklichen.

Wäre dem nicht so, was wären dann die Ursachen dieser Felder, der Buddha-Felder und dergleichen, von denen der Buddha gesprochen hat? Die die besten aller Eigenschaften besitzende allwissende Weisheit kann durch Gebefreudigkeit und andere Geschickte Mittel erreicht werden. Daher hat der Buddha gesagt, allwissende Weisheit wird durch Geschickte Mittel vervollkommnet. Bodhisattvas sollten daher ebenfalls Gebefreudigkeit und andere Geschickte Mittel kultivieren und nicht nur die Leere.

Im »Sūtra der umfassenden Ansammlung aller Eigenschaften« heißt es auch: »›O Maitreya, Bodhisattvas verwirklichen gründlich die Sechs Vollkommenheiten, um die endgültige Frucht der Buddhaschaft zu ernten. Darauf antworten jedoch die Toren: Bodhisattvas sollten sich nur in der Vollkommenheit der Weisheit schulen – wozu sollten die übrigen Vollkommenheiten noch gut sein? Sie lehnen die anderen Vollkommenheiten ab. Maitreya, was hältst du davon? Als der König von Kashi dem Habicht sein eigenes Fleisch zugunsten einer Taube anbot – war das eine Korruption der Weisheit?‹ Maitreya antwortete: ›Das ist nicht der Fall.‹ Der Buddha sagte: ›Maitreya, Bodhisattvas haben durch ihre guten Taten in Verbindung mit den Sechs Vollkommenheiten Wurzeln von Verdienst angehäuft. Sind diese Wurzeln von Verdienst schädlich?‹ Maitreya antwortete: ›O Buddha, das ist nicht der Fall.‹ Der Buddha sprach weiter: ›Maitreya, auch du hast auf die richtige Weise sechzig Äonen lang die Vollkommenheit der Gebefreudigkeit praktiziert, sechzig Äonen lang die Vollkommenheit der Ethik, sechzig Äonen lang die Vollkommenheit der Geduld, sechzig Äonen lang die Vollkommenheit begeisterter Ausdauer, sechzig Äonen lang die Vollkommenheit meditativer Stabilisierung sowie sechzig Äonen lang die Vollkommenheit der Weisheit. Auf all das antwortet der Narr: Es gibt nur einen Weg zum Erlangen von Buddhaschaft, und das ist der Weg der Leere. Die Praxis dieser Menschen ist vollständig irreführend.‹«

Hiermit wird klar zum Ausdruck gebracht, wie wichtig es ist, eine Kombination von Methode und Weisheit zu entwickeln. Nach Entwicklung eines umfassenden Begreifens der Leere solltest du meditieren, um tiefe Einsicht in die Leere zu erlangen. Gleiches Gewicht sollte man darauf legen, den Methodeaspekt, der die Sechs Vollkommenheiten einschließt, in die Praxis umzusetzen. Es ist das Endziel eines Bodhisattva, höchste Erleuchtung zu erlangen, die sowohl die mühevolle Plackerei des Existenzkreislaufs als auch den selbstgefälligen Frieden des Nirvāna transzendiert. Um dies zu erreichen, muss ihre Praxis eine Vereinigung von Methode und Weisheit umfassen.

Ein Bodhisattva im Besitz von Weisheit jedoch nicht der Geschickten Mittel gliche den Hörern, die unfähig sind, die guten Taten von Buddhas zu verrichten. Das können sie jedoch tun, wenn sie von den Geschickten Mitteln unterstützt werden. Wie heißt es doch im »Juwelenhaufen-Sūtra«: »Kāshyapa, das ist folgendermaßen: Beispielsweise können Könige mit Unterstützung von Ministern alle ihre Ziele verwirklichen. Desgleichen, wenn die Weisheit eines Bodhisattva gründlich durch Geschickte Mittel unterstützt wird, übt ein Bodhisattva auch alle Aktivitäten eines Buddha aus.« Die philosophische Sicht des Pfades von Bodhisattvas ist anders, und die philosophischen Pfade der Nichtbuddhisten und Hörer sind ebenfalls anders. Ein Beispiel: Da die philosophische Sicht des Pfades der Nichtbuddhisten irrigerweise von einem [wahrhaft existierenden] Selbst und so weiter ausgeht, ist ein solcher Weg vollständig und für immer jeglicher Weisheit abhold. Daher können diese Nichtbuddhisten keine Befreiung erlangen.

Die Hörer kennen kein Großes Mitgefühl und besitzen keine Geschickten Mittel. Daher bemühen sie sich einspitzig, das Nirvāna zu erreichen. Auf ihrem Weg verwenden Bodhisattvas Weisheit und Geschickte Mittel und bemühen sich so, das Nichtverweilende Nirvāna zu erlangen. Der Bodhisattva-Pfad besteht aus Weisheit und Geschickten Mitteln, und deshalb erreichen sie das Nichtverweilende Nirvāna. Wegen der Kraft der Weisheit fallen sie nicht in den Existenzkreislauf zurück; dank der Kraft Geschickter Mittel fallen sie nicht ins Nirvāna.

Im »Haupt-Sūtra vom Gaya-Hügel« heißt es: »Der Weg des Bodhisattva ist, kurz gesagt, zwiefach. Die beiden sind Geschickte Mittel und Weisheit.« In »Der Erste unter den Erhabenen und

Glorreichen« heißt es zudem: »Die Vollkommenheit der Weisheit ist die Mutter, und der gekonnte Umgang mit Geschickten Mitteln ist der Vater.«

In »Die Unterweisung des Vimalakīrti« heißt es auch: »Was ist Knechtschaft für Bodhisattvas, und was ist Befreiung? Das Aufrechterhalten eines Lebens im Existenzkreislauf ohne alle Geschickten Mittel ist Knechtschaft für Bodhisattvas. Ein Leben im Existenzkreislauf mit Geschickten Mitteln ist dagegen Befreiung. Das Aufrechterhalten eines Lebens im Existenzkreislauf ohne Weisheit ist Knechtschaft für Bodhisattvas. Ein Leben im Existenzkreislauf mit Weisheit ist dagegen Befreiung. Nicht mit Geschickten Mitteln verbundene Weisheit bedeutet Knechtschaft, [doch] Weisheit in Verbindung mit Geschickten Mitteln ist Befreiung. Nicht mit Weisheit verbundene Geschickte Mittel bedeuten Knechtschaft, [doch] Geschickte Mittel in Verbindung mit Weisheit sind Befreiung.«

Kultiviert ein Bodhisattva bloße Weisheit, dann fällt er in das vom Hörer angestrebte Nirvāna. Das ist dann wie Knechtschaft. Und er kann nicht zum Nichtverweilenden Nirvāna befreit werden. Also bedeutet von Geschickten Mitteln getrennte Weisheit für den Bodhisattva Knechtschaft. So wie eine im Wind frierende Person die Wärme des Feuers sucht, kultiviert ein Bodhisattva daher die Weisheit der Leere im Verein mit Geschickten Mitteln, um den Wind falscher Sicht zu beseitigen. Doch bemüht er sich nicht so wie die Hörer darum, dies in die Tat umzusetzen. Das »Sūtra der Zehn Eigenschaften« sagt: »O Sohn edler Familie, es ist folgendermaßen. Beispielsweise wird eine Person, die das Feuer zutiefst verehrt und es als Guru achtet und betrachtet, nicht denken: ›Weil ich das Feuer respektiere, ehre und verehre, sollte ich es in beiden Händen halten.‹ Das ist so, weil sie Schmerzen erdulden und geistiges Unbehagen fühlen würde, wenn sie das täte. Desgleichen ist ein Bodhisattva auch des Nirvāna gewahr, versucht aber nicht, es zu erlangen. Er tut es nicht, weil ihm klar ist, dass er sich sonst von der Erleuchtung abwenden würde.«

Verlässt der Bodhisattva sich nur auf Geschickte Mittel, wird er die gewöhnliche Ebene nicht transzendieren, weshalb es nur Knechtschaft geben wird. Daher kultiviert er Geschickte Mittel gemeinsam mit Weisheit. Durch die Kraft der Weisheit kann der Bodhisattva sogar die Störenden Gefühle in Nektar verwandeln, wie Gift unter einem tantrischen Zauberspruch. Es besteht keine Notwendigkeit, [die Güte] von Gebefreudigkeit und so fort zum Ausdruck zu bringen, was natürlich zu erhabenen Seinszuständen führt.

Bodhisattvas sind geschickt im Umgang mit Hilfsmitteln und mit Weisheit ausgestattet. Wegen solcher besonderen Eigenschaften können Handlungen, die als ungesund angesehen werden könnten, wenn sie von Hörern und Alleinverwirklichern ausgeübt werden, sehr hilfreich für das Erwirken des Wohls anderer Wesen sein, wenn sie von Bodhisattvas ausgeübt werden. Um zum Wohl anderer fühlender Wesen zu wirken, müssen Bodhisattvas sich nicht streng an die Gebote halten, die die Handlungen von Körper und Rede regeln.

Im »Juwelenhaufen-Sūtra« heißt es: »Kāshyapa, die Sache ist die: Kraft des Tantra und der Medizin muss ein Gift nicht den Tod herbeiführen. Da die Störenden Gefühle der Bodhisattvas unter dem machtvollen Einfluss der Weisheit stehen, können sie diese nicht zu Fall bringen. Dank der Macht Geschickter Mittel verlassen Bodhisattvas daher nicht den Existenzkreislauf; sie fallen nicht ins Nirvāna. Dank der Macht der Weisheit beseitigen sie alle Objekte [die fälschlich als wahrhaft existent verstanden werden] und fallen daher nicht in den Existenzkreislauf. Daher erreichen sie allein das Nichtverweilende Nirvāna der Buddhaschaft.« Das »Sūtra des Raum-Schatzes« sagt auch: »Kraft ihres Wissens um Weisheit beseitigen Bodhisattvas alle Störenden Gefühle, und kraft ihres Wissens um Geschickte Mittel lassen sie die fühlenden Wesen nicht im Stich.« Im »Sūtra über das Entwirren der Gedanken« heißt es auch: »Ich habe nicht gelehrt, dass jemand, der sich nicht um das Wohlergehen fühlender Wesen kümmert und der nicht dazu neigt, die Natur aller zusammengesetzten Phänomene zu erkennen, unübertroffene und vollkommen verwirklichte Buddhaschaft erlangen wird.« Daher müssen diejenigen, die an Buddhaschaft interessiert sind, Weisheit wie auch Geschickte Mittel kultivieren.

Bodhisattvas sind mit großer Weisheit ausgestattet. Deshalb werden ihre störenden Gefühle unwirksam und nicht zu Ursachen, die sie in unerwünschte Bereiche stürzen. Da diese edlen Wesen danach streben, Geschickte Mittel und Weisheit gleichermaßen zu entwickeln, werden sie weder vom Existenzkreislauf überwältigt, noch fallen sie in den selbstgefälligen Zustand des Nirvāna. Sie sind ständig des Wohlergehens fühlender Wesen gewahr und streben gleichzeitig danach, höchste Erleuchtung zu erlangen.

Während du über transzendente Weisheit meditierst oder während du in tiefer meditativer Versenkung weilst, kannst du nicht Geschickte Mittel anwenden, etwa das Ausüben von Gebefreudigkeit. Doch kann man in der vorbereitenden und postmeditativen Periode Geschickte Mittel zusammen mit Weisheit kultivieren. Auf diese Weise kann man Weisheit und Geschickte Mittel gleichzeitig zur Anwendung bringen.

Die Weisheit, die unmittelbare Einsicht in die Leere ist, ist vollständig frei von Dualität, und der Geist ist völlig in Leere aufgegangen wie Wasser, das in Wasser gegossen wird. Offensichtlich ist es nicht möglich, während einer solchen Periode dem Einsatz Geschickter Mittel nachzugehen. Nichtsdestoweniger sollte man die Bedeutung des gemeinsamen Praktizierens des Weisheitsaspekts und des Methodeaspekts aus der richtigen Perspektive verstehen. Während der Phasen vor und nach der Meditation kann der Einzelne Mitgefühl, Altruismus, Gebefreudigkeit und so weiter praktizieren und auf diese Weise die Kraft der Weisheit verstärken.

Darüber hinaus ist dies der Pfad der Bodhisattvas, auf dem sie sich einer integrierten Praxis von Weisheit und Geschickten Mitteln widmen. Damit wird der transzendente Pfad kultiviert, der gründlich von Großem Mitgefühl durchdrungen ist, das auf alle fühlenden Wesen ausgerichtet ist. Und indem du dich mit Geschickten Mitteln beschäftigst, nachdem du dich aus der meditativen Versunkenheit erhoben hast, praktizierst du die Gebefreudigkeit und andere Geschickte Mittel, ohne sie falsch zu verstehen, wie ein Magier. Im »Sūtra über die Unterweisung des Akshayamati« heißt es: »Was sind die Geschickten Mittel eines Bodhisattva, und welche Weisheit wird verwirklicht? Die Geschickten Mittel eines Bodhisattva, das bedeutet, in der meditativen Versunkenheit an die fühlenden Wesen zu denken und den Geist ganz eng und mit Großem Mitgefühl auf sie zu lenken. Und sich in meditativem Gleichgewicht mit Frieden und äußerstem Frieden zu befassen, das ist Weisheit.« Es gibt noch viele andere Quellen, die das Gleiche sagen. Das »Kapitel über die Kontrolle übler Kräfte« sagt dann auch: »Deswegen meint man mit den vollkommenen Aktivitäten von Bodhisattvas die bewussten Bemühungen des Geistes der Weisheit und das Ansammeln von Verdienstvollem Dharma durch den Geist Geschickter Mittel. Der Geist der Weisheit führt auch zur Selbst-Losigkeit, zur Nichtexistenz von [aus sich heraus existierenden] fühlenden Wesen sowie des Lebens, seiner Unterhaltung und der Person. Und der Geist Geschickter Mittel führt zur gründlichen Reifung aller fühlenden Wesen.« Das »Sūtra der umfassenden Ansammlung aller Eigenschaften« stellt auch fest:

So wie ein Magier sich bemüht,
Seine Schöpfung fahren zu lassen –
Da er bereits [die Natur] seine[r] Schöpfung kennt,
Haftet er nicht an ihr.
Desgleichen sind die drei Welten wie eine Illusion,
Die der weise Buddha kannte,
Lange bevor er die fühlenden Wesen in diesen Welten kannte
und Anstrengungen unternommen hatte, ihnen zu helfen.

Weil die Bodhisattvas Weisheit und Geschickte Mittel anwenden, heißt es: Mit ihren Aktivitäten verbleiben sie im Existenzkreislauf, in ihren Gedanken jedoch weilen sie im Nirvāna.

Zum Beispiel hat ein Magier eine Projektion von jemandem geschaffen, der im Gefängnis sitzt. Dann versucht er, diese Person aus dem Gefängnis zu befreien. Da er weiß, dass das, was er projiziert hat, nur eine Illusion ist, empfindet er kein Anhaften oder Ähnliches. Auf ähnliche Weise sehen Buddhas alle fühlenden Wesen in den Drei Welten, als seien sie Illusionen. Sie halten nicht an den Dingen fest, als hätten diese eine innewohnende Existenz, und sie besitzen die Weisheit zu erkennen, dass die Dinge leer sind wie eine Illusion. Gleichzeitig engagieren sie sich für das Wohl aller fühlenden Wesen.

Auf diese Weise mache dich vertraut mit Gebefreudigkeit und anderen Geschickten Mitteln, die der unübertrefflichen und vollkommen verwirklichten Erleuchtung gewidmet sind und die die Essenz von Leere und Großem Mitgefühl haben. Um den absoluten Erweckenden Geist des Bodhichitta zu erzeugen, wie es früher geschah, widme dich ruhig verweilender Meditation und Spezieller Einsicht in regelmäßigen Sitzungen, sooft du kannst. Wie es im »Sūtra über das reine Feld des Einsatzes« gelehrt wurde, mache dich stets mit Geschickten Mitteln vertraut, indem du deine Aufmerksamkeit eng auf die guten Eigenschaften von Bodhisattvas, die zu allen Zeiten für das Wohlergehen fühlender Wesen wirken, sammelst.

Wer sich auf diese Weise mit Mitgefühl, Geschickten Mitteln und dem Erweckenden Geist des Bodhichitta vertraut macht, der wird zweifellos ein herausragendes Leben führen. Ihm werden Buddhas und Bodhisattvas in seinen Träumen erscheinen, und es werden auch andere angenehme Träume auftreten, und wohlwollende Götter werden ihn beschützen. Es wird in jedem Augenblick zu einer riesigen Ansammlung von Verdienst und Einsicht kommen. Störende Gefühle und andere üble Zustände der Existenz werden gereinigt. Du wirst zu jeder Zeit viel Glück und mentalen Frieden genießen, und sehr viele Wesen werden dich mögen. Auch körperlich wirst du frei von Krankheiten sein. Du wirst höchste mentale Fähigkeiten erreichen und auf diese Weise besondere Eigenschaften wie Hellsehen erlangen.

Widmest du dich der Praxis des Lehrens, dann versuche einiges intellektuelle Verständnis der Sicht der Leere zu gewinnen. Wie schon zuvor erörtert, mangelt es den Dingen an wahrer Existenz – sie haben keine einzigartige Existenz aus sich heraus. Sprechen wir Gebete oder machen wir Niederwerfungen, müssen wir ein gewisses Gefühl für die illusorische Natur der Dinge entwickeln. Auch Widmungen sollten im Rahmen der Philosophie der Selbst-Losigkeit ausgesprochen werden. Die Leere zu begreifen und ihrer eingedenk zu sein ist auch im Rahmen tantrischer Praktiken relevant. Das Praktizieren aller Arten von verdienstvollen Aktivitäten in Zusammenhang mit dem Wissen um die Leere ist eine große Hilfe beim Aufstieg auf dem spirituellen Pfad. Zugleich werden Störende Gefühle und alle anderen

Mängel vermindert und nach und nach beseitigt, während Mitgefühl, Altruismus, Geschickte Mittel und sonstige verdienstvolle Dinge gestärkt werden.

Dann wirst du durch wunderbare Kraft zu zahllosen Welten reisen, den Buddhas Opfer darbringen und ihren Lehren lauschen. Auch zum Zeitpunkt des Todes wirst du zweifellos Buddhas und Bodhisattvas sehen. In zukünftigen Leben wirst du in besonderen Familien geboren werden und an Orten, wo du nicht von Buddhas und Bodhisattvas getrennt sein wirst. Auf diese Weise wirst du mühelos alle Anhäufungen von Verdienst und Einsicht erreichen. Du wirst großen Reichtum, ein großes Gefolge und viele Diener haben. Mit scharfer Intelligenz ausgestattet, wirst du im Stande sein, den Bewusstseinsstrom vieler Wesen reifen zu lassen. In allen Leben wird eine solche Person in der Lage sein, sich früherer Leben zu erinnern. Versuche, derart unermessliche Vorteile zu verstehen, die auch in anderen Sūtras beschrieben sind.

Meditierst du auf diese Weise lange Zeit und mit großer Bewunderung über Mitgefühl, Geschickte Mittel und den Erweckenden Geist des Bodhichitta, dann wird dein Bewusstseinsstrom nach und nach gründlich gereinigt und immer reifer. Ähnlich wie beim Anzünden von Feuer durch das Reiben von Holzstücken wirst du dann deine Meditation über die Vollkommene Wirklichkeit vollenden. Du wirst dadurch eine äußerst klare Kenntnis der Sphäre der Phänomene erlangen, frei von begrifflichen Hinzufügungen, die transzendente Weisheit frei von den hinderlichen Netzen des begrifflichen Denkens. Diese Weisheit des absoluten Bodhichitta ist makellos wie eine vom Wind nicht gestörte nicht flackernde Butterlampe. Auf diese Weise ist ein solcher

Geist in der Entität des absoluten Bodhichitta in den Pfad des Sehens einbezogen, der die selbst-lose Natur aller Phänomene begreift. Mit dieser Verwirklichung betritt man den Pfad, der auf die Wirklichkeit der Dinge gesammelt ist, und man wird in die Familie der Tathāgatas hineingeboren. Man tritt in den makellosen Zustand eines Bodhisattva ein, wendet sich von allen wandernden Geburten ab, verweilt in der Soheit der Bodhisattvas und erreicht die erste Bodhisattva-Stufe. Mehr Einzelheiten über diese Vorteile findet man in anderen Texten wie etwa den »Zehn spirituellen Ebenen«. Auf diese Weise wird die auf Soheit gesammelte meditative Stabilisierung im »Sūtra über den Abstieg nach Lanka« gelehrt. Auf diese Weise treten Bodhisattvas in die nichtbegriffliche Meditation ein, frei von Hinzufügungen.

Sehen wir jemanden im Elend, haben wir Mitgefühl mit ihm. Wir müssen erkennen, dass es sehr wichtig ist, eine solche Haltung zu pflegen und sie mit Hilfe anderer Geschickter Mittel noch zu verstärken. Wir besitzen zudem unsere menschliche Intelligenz, welche die Fähigkeit hat, zwischen Recht und Unrecht zu unterscheiden. Auch das sollte verbessert und in Richtung des Erkennens der absoluten Wirklichkeit gelenkt werden. Beim Verfolgen dieses Zwecks kommt es entscheidend darauf an, verdienstvolle Taten und Handlungen der Reinigung zu verrichten. Grundsätzlich ist es von vitaler Bedeutung, die Fähigkeit der unterscheidenden Weisheit zu kultivieren. Mit solcher Weisheit soll man die absolute Wirklichkeit immer und immer wieder überprüfen und eine intellektuelle Wertschätzung der

Bedeutung von Soheit entwickeln. Das wiederum wird uns behilflich sein, ein tief greifendes Gefühl für ihre Wirklichkeit zu erzeugen. Dieser analytische Ansatz sollte durch meditative Sammlung noch überhöht werden. Das Praktizieren von Mitgefühl und das Wissen um die Leere werden den Einzelnen zu der Erkenntnis führen, dass die Verunreinigungen des Geistes beseitigt und der Zustand der Allwissenheit erreicht werden können.

Nach längerem Praktizieren der Lehren mit durch Weisheit ergänztem Mitgefühl wird das Individuum den starken Wunsch hegen, den Zustand der Buddhaschaft zu erlangen. Ist ein solches Streben nach dem Wohlergehen aller fühlenden Wesen ernst gemeint und kommt es aus der Tiefe des Herzens, dann wird man zu einem Bodhisattva. Du wirst den Mahāyāna-Pfad des Ansammelns erreichen. Von den drei Ebenen dieses Pfades [klein, mittel und groß] ist die kleine Ebene erreicht. Das nennt man den erdgleichen Erweckenden Geist. Es gibt einundzwanzig Arten des Erweckenden Geistes. Der Übende verbessert den Erweckenden Geist als Ergebnis von Mitgefühl und stärkt auch sein Wissen um die Leere. Die Meditation Ruhigen Verweilens wird in Hinblick auf Leere praktiziert, und wenn die aus dieser Meditation entstehende Weisheit erzeugt wird, dann erreicht der Einzelne den Pfad der Vorbereitung.

Die Meditation sollte fortgesetzt werden, wobei es entscheidend darauf ankommt, dass der Methodeaspekt und der Weisheitsaspekt voll koordiniert werden. Durch diese Praktiken wird der Meditierende völlig von der Soheit absorbiert, wie Wasser, das in Wasser gegossen wird, frei von jedem Makel von Dualität. Im ersten Augenblick, in dem der Übende direkte Einsicht in die Leere erlangt, erreicht er oder sie den Pfad des Sehens. Da diese Erkenntnisse in Verbindung mit dem Erweckenden Geist gewonnen werden, ist offensichtlich, dass wir vom Mahāyāna-Pfad sprechen. Von den zehn Bodhisattva-Ebenen erreicht der Meditierende die erste, die als die freudige bekannt ist. Dieser Pfad hat zwei Abschnitte – den ununterbrochenen und den befreiten. Während des Ersteren wird dem Hindernis in Hinblick auf seine Verwirklichung entgegengewirkt, und nachdem man dieses Hindernis überwunden hat, ist der Pfad der Befreiung erreicht.

Mit anhaltender Meditation beseitigt der Meditierende die Hindernisse und erreicht den Pfad der Meditation. Während des letzten Augenblicks der Sammlung, die der vajra-gleiche Pfad der Meditation genannt wird, werden die subtilsten Trübungen schon an der Wurzel ausgemerzt. Auf diese Weise erzeugt der Einzelne die allwissende transzendente Weisheit und verwandelt sich in einen Buddha.

Eine Person, die die erste Ebene betreten hat, macht sich auf diese Weise später auf dem Pfad der Meditation mit den beiden Weisheiten des transzendenten Zustandes und den darauf folgenden Aspekten von Weisheit und Geschickten Mitteln vertraut.

So reinigt sie nach und nach die subtilsten Ansammlungen von Trübungen, die Gegenstand der Reinigung durch den Pfad der Meditation sind. Und um höhere Eigenschaften zu erwerben, reinigt sie gründlich die unteren spirituellen Ebenen. Alle Zwecke und Ziele sind mit dem Eintreten in die transzendente Weisheit der Tathāgatas und den Ozean der Allwissenheit erfüllt. Auf diese Weise wird der Bewusstseinsstrom durch schrittweises Praktizieren gründlich gereinigt. Das »Sūtra über den Abstieg nach Lanka« erläutert dies. Auch im »Sūtra über das Entwirren der Gedanken« heißt es: »Um diese höheren Ebenen zu erreichen, sollte der Geist gereinigt werden, wie man Gold läutert, bis man die vollkommen verwirklichte Buddhaschaft verwirklicht.«

Wenn du in den Ozean der Allwissenheit eintrittst, besitzt du makellose juwelengleiche Eigenschaften, um fühlenden Wesen beizustehen, und diese erfüllen deine früheren positiven Gebete. Der Einzelne wird dann zur Verkörperung von Mitgefühl und ist im Besitz verschiedener Geschickter Mittel, die spontan funktionieren und in verschiedenen Emanationen zum Wohle aller wandernden Wesen tätig sind. Außerdem werden alle wunderbaren Eigenschaften vervollkommnet. Mit totaler Beseitigung aller Verblendungen und ihres latenten Potentials verweilen alle Buddhas [im Existenzkreislauf], um jedem fühlenden Wesen zu helfen. Indem du das erkennst, erzeuge Vertrauen in den Buddha, die Quelle aller wunderbaren Kenntnisse und Eigenschaften. Jeder sollte sich bemühen, diese Eigenschaften zu verwirklichen.

Der Buddha sprach also: »Die allwissende transzendente Weisheit wird erzeugt mit Mitgefühl als ihre Wurzel, mit dem Erweckenden Geist des Bodhichitta als ihre Ursache, und wird durch Geschickte Mittel vervollkommnet.«

Um die Lehren dieses kostbaren Textes zusammenzufassen: Wir erkennen, dass zunächst die beiden Wahrheiten erwiesen werden müssen, weil sie die Grundlage sind. Im Verlauf des Übens sollten die beiden Arten von Ansammlung sowie der Methode- und der Weisheitsaspekte des Weges in vollkommener Harmonie verwirklicht werden. Zwei Arten von Buddha-Körpern werden als Resultat davon erlangt. Erreicht ein Individuum den allwissenden Zustand der Buddhaschaft, werden alle störenden Gefühle und Verdunkelungen ein für alle Mal beseitigt. Diese Person erwacht so zu voller Erkenntnis. Von da an besitzt solch ein erwachtes Wesen ein unbegrenztes Potential, um fühlenden Wesen zu Freiheit und Befreiung zu verhelfen.

Weise Menschen distanzieren sich von Eifersucht und anderen Verunreinigungen;
Ihr Durst nach Erkenntnis ist unersättlich
Wie ein Ozean.
Sie bewahren nur, was durch Unterscheiden angemessen ist,
So wie Schwäne Milch von Wasser trennen.

Daher sollten Gelehrte sich distanzieren
Von entzweienden Verhaltensweisen und Bigotterie.
Selbst von einem Kind
Kann man freundliche Worte erhalten.

Welches Verdienst ich auch immer
durch Darlegung dieses Mittleren Weges erlange,

Ich widme es allen Wesen,
Auf dass sie den Mittleren Weg verwirklichen.

Der Zweite Teil von »Stufen der Meditation«, verfasst von Āchārya Kamalashīla, ist hiermit vollendet; er wurde übersetzt und in tibetischer Sprache herausgegeben von dem indischen Abt Prajñā Verma und dem Mönch Yeshe De.

Wir haben nun das Lehren dieses schönen Textes von Kamalashīla abgeschlossen. Der Autor und sein Meister Shāntarakshita hatten eine besondere karmische Beziehung zum Volk des Lands des Schnees, und ihre Freundlichkeit war unübertroffen. Ich bin glücklich, dass ich in der Lage war, diese erläuternde Übermittlung des zweiten Teils von Kamalashīlas »Stufen der Meditation« geben zu können. Allen, die dies hören oder lesen, rate ich dringend, den Text zu studieren. Um das Verständnis des Mittleren Weges zu fördern und zu erweitern, sollte man auch die hervorragenden Texte über den Madhyamaka von Buddhapālita und Chandrakīrti studieren, die die endgültige Anschauung der Mādhyamika-Denkschule dargelegt haben.

Bibliographie der zitierten Werke

SUTRAS
»Erster unter den Erhabenen und Glorreichen«
Shriparmadhya
dpal-mchog-dang-po

»Fragen des Nārāyana«
Nārāyanapariprachchasūtra
sred-med-kyi-bus-zhus-pa

»Gebet vom Edlen Verhalten«
Ārya Bhadrachari
'phags-pa-bzang-po-spyod-pa

»Haupt-Sūtra vom Gaya-Hügel«
Gayasirsasūtra
ga-ya-mgo'i-rti

»Juwelenhaufen-Sūtra«
Mahāratnakūtadharmaparyāyashatasāhasrikagranthasūtra
dkon-mchog-brtsegs-pa-chen-po'i-chos-kyi-rnamgrangs-le'u-stong-phrag-brgya-pa'i-mdo

»Juwelenwolken-Sūtra«
Ratnameghasūtra
dkon-mchog-sprin-gyi-mdo

»Kronjuwel-Sūtra«
Ratnachudasūtra
tsug-na-rin-po-che

»Sūtra der Bodhisattva-Abteilung«
Bodhisattvapitakasūtra
byang-chub-sems-dpa'i-sde-snod-kyi-mdo

»Sūtra der Meditation über das Vertrauen in das Mahāyāna«
Mahāyānaprasadaprabhavanasūtra
theg-pa-chen-po-la-dad-pa-bsgom-pa'i-mdo

»Sūtra der umfassenden Sammlung aller Eigenschaften«
Sarvadharmasamgrahavaipulyasūtra
chos-thams-chad-shin-tu-rgyas-pa-bsdus-pa

»Sūtra des Kapitels über die Kontrolle übler Kräfte«
Maradmanparichedsūtra
bdud-btul-ba'i-le-wu

»Sūtra des Raum-Schatzes«
Gaganganjasūtra
nam-kha-mdzod

»Sūtra über die Beseitigung der Zweifel des Ajātashatru«
Ajātashatrukaukrityavinodanasūtra
ma-skyes-dgra'i-'gyod-pa'bsal-ba'i-mdo

»Sūtra über die Entwirrung der Gedanken«
Samdhinirmochanasūtra
dgongs-pa-nges-par-grel-pa'i-mdo

»Sūtra über die Unterweisung des Akshayamati«
Akshayamatinirdeshasūtra
blo-gros-mi-zad-pas-bstan-pa'i-mdo

»Sūtra über die Unterweisung des Vimalakīrti«
Ārya Vimalakīrtinirdeshasūtra
'phags-pa-der-ma-med-par-grags-pas-bstan-pa

»Sutra vom Kompendium des Vollkommenen Dharma«
Dharmasamgītisūtra
chos-yang-dag-par-bsdud-pa'i-mdo

»Sūtra vom König der meditativen Stabilisierung«
Samādhirājasūtra
ting-nge-'dzin-rgyal-po'i-mdo

»Sūtra vom reinen Feld des Einsatzes«
Gocharparishuddisūtra
spyod-yul-yongs-su-dag-pa'i-mdo

»Sūtra von den Zehn Eigenschaften«
Dashadharmakasūtra
chos-bcu-pa-zhes-bya-pa'i-mdo

»Sutra von den Zehn Spirituellen Ebenen«
Dashabhūmikasūtra
mdo-sde-sa-bcu-pa

»Sūtra von der Großen und Vollständigen Überschreitung des Leidens«
Mahāparinirvānasūtra
yongs-su-mya-ngan-las-'das-pa-chen-po'i-mdo

»Sūtra von der Mondleuchte«
Chandrapradīpasūtra
dawa-sgron-me'i-mdo

»Sūtra von der Vollkommenheit der Weisheit«
Prajñāpāramitāsūtra
shes-rab-kyi-pha-rol-tu-phyin-pa'i-mdo

ABHANDLUNGEN

»Das Herz des Mittleren Weges«
Madhyamakahridya
dbu-ma-snyingpo
von Shāntarakshita

»Eintritt in das Leben zur Erleuchtung«
Bodhisattvacharyāvatāra
byang-chub-sems-dpa'i-spyod-pa-la-'jug-pa
von Shāntideva

»Erhellung des Mittleren Weges«
Madhyamakāloka
dbu-ma-snang-ba
von Kamalashīla

»Kommentar zu (Dignāgas) ›Kompendium gültiger Erkenntnis‹«
Pramānavarttikakārikā
tshad-ma-rnam-'grel-gyi-tshig-le'ur-byas-pa
von Dharmakīrti

»Kompendium des Wissens«
Abhidharmasamuchchaya
mngon-pa-kun-btus
von Asanga

»Nāgārjunas grundlegende[r] [Text über die] Weisheit«
Prajñānāmamūlamadhyamakakārikā
dbu-ma-rtsa-ba-'itshig-le'ur-byas-pa-shes-rab-ces-bya-ba
von Nāgārjuna